韓國의 漢詩 32
文無子 李鈺 詩集

옮긴이 **허경진**은 연세대학교 국어국문학과를 졸업하고,
동대학원에서 문학박사 학위를 받았다. 목원대학교 국어교육과 교수와
열상고전연구회 회장을 거쳐, 현재 연세대학교 국문과 교수로 재직 중이다.
『한국의 한시』 총서 외 주요저서로는 『조선위항문학사』, 『허균』,
『허균 시 연구』, 『대전지역 누정문학연구』, 『한국의 읍성』 등이 있고,
옮긴 책으로는 『연암 박지원 소설집』, 『매천야록』,
『서유견문』, 『삼국유사』, 『택리지』, 『한국역대한시시화』,
『허균의 시화』 등 다수가 있다.

韓國의 漢詩 32
文無子 李鈺 詩集

초판 1쇄 발행　1997년 10월 5일
초판 2쇄 발행　2010년 6월 10일

옮 긴 이　　허경진
펴 낸 이　　이정옥
펴 낸 곳　　평민사

주　　소　　서울시 서대문구 남가좌2동 370-40
전　　화　　375-8571(대표) / 팩스 · 375-8573
　　　　　　평민사의 모든 자료를 한눈에 볼 수 있는 블로그
　　　　　　http://blog.naver.com/pyung1976
　　　　　　e-mail: pyung1976@naver.com

등록번호　　제10-328호

　값　　　　7,500원

　　　　　　ISBN 978-89-7115-556-1　04810
　　　　　　ISBN 978-89-7115-476-2　(set)

*이 책은 저작권법 제97조의 5(권리의 침해죄)에 따라 보호받는 저작물로
　저자의 서면동의가 없이 그 내용을 전체 또는 부분적으로 어떤 수단 · 방법으로나
　복제 및 전산 장치에 입력, 유포할 경우 민 · 형사상 피해를 입을 수 있음을 밝힙니다.

韓國의 漢詩 32
文無子 李鈺 詩集

허경진 옮김

평민사

머리말

조선 후기 한시인들 가운데 한시를 민요풍으로 지어 보려고 시도하였던 시인들이 있었다. 한시가 비록 중국에서 건너온 중국의 시 형태이고, 중국의 글자를 빌려서 짓긴 하지만, 중국 사람의 노래가 아닌 우리의 노래를 지어 보자는 생각에서 이러한 시도는 시작되었다. 물론 처음부터 우리말을 써서 민요나 시조의 형태를 지을 수도 있지만, 민중이 아닌 사대부들에게 이미 자신의 문자가 된 한자로 우리 노래를 지어 보려는 시도는 그 자체로도 큰 의미가 있었다. 다산 정약용이 "나는 조선 사람이니, 조선시를 즐겨 지으리라"는 선언처럼, 민요풍의 시를 지었던 시인들 마음속에는 "나는 중국 사람이 아니라 조선 사람이다"라는 민족 의식이 자리잡았던 것이다.

이러한 조선시의 시도는 이 땅에 사는 민중들의 현실적인 삶을 노래한 실학파 시인들에 의해서 발전되었으며, 또 한쪽에서는 민요적인 소재를 가지고 시를 지었던 시인들에 의해서도 발전되었다. 이옥은 당시 성리학 사회에서 요구하는 순정한 문체를 거부하고 새로운 문체를 시도하다가 과거시험 볼 자격까지 논란되었던, 몸으로 부딪쳐 가며 새로운 문학과 문장을 실험하였던 시인이었다. 그는 새로운 문장을 실험하였던 죄 때문에 징계를 받고 군적(軍籍)에 오르게 되었으며, 관청에서 사소한 절차를 잘못했기 때문에 결국 군대에 끌려갔다. 그는 일생에서 가장 중요한 시절을 변방에서 보낸데다 인생관까지 달라지게 되어, 결국은 과거시험을 포기하였다.

그같이 의욕적인 문인이라면 많은 글을 지었을 텐데도, 현재 우리가 볼 수 있는 글은 《예림잡패(藝林雜佩)》에 실린 이언(俚諺) 65수와 자신의 문학관을 설명한 <이언인(俚諺引)>, 그리고 친구 김려가 자신의 총서에 실어준 몇 편의 소설뿐이다. 이번에 번역 출판한 《문무자 이옥 시집》에선 그가 지은 <이언> 65수를 다 번역하고, 될 수 있는대로 많은 참고 자료를 붙였다. 그는 다른 시인들과는 달리 우리 나라의 고유한 말들을 많이 썼기 때문에, 오히려 주석이 더 필요하였다. 비슷한 소재를 다룬 민요도 덧붙여, 민요와 한시의 거리도 느껴 보게 하였다. 뒤에는 남녀 사이의 정을 다룬 허균의 <황주염곡> 8수와 최성대의 <고염잡곡> 13수를 함께 실어, 비슷한 분위기의 시들을 함께 읽어볼 수 있게 하였다.
　조선 후기에 민요풍의 한시가 시도되면서, 열녀 향랑의 고사를 다룬 <산유화>가 많이 지어졌다. 이 시집 뒷부분에 이옥이 지은 <상랑전>을 번역해 싣고 몇 편의 <산유화>를 수집해 실었는데, 민요풍 한시의 한 모습을 볼 수 있어 도움이 될 것이다.
　이 작업은 벌써 오래전부터 구상되었다. 유재일 교수(청주대)가 《예림잡패》를 처음 구해 주었을 때, <이언> 65수가 너무나 재미있어서 단숨에 다 읽어 보았다. 그리고는 <아조> 17수부터 번역하기 시작하였다. 그러나 나의 첫작업은 <아조> 초벌번역을 끝내고 중단되었다. 이옥이 시도한 이언(俚諺)의 표현들이 정작 무엇을 뜻하는지 알기 어려웠던 것이다. 우리말을 기록한 한자인데도 그 뜻을 알기 어렵다니, 그것이 바로 200년 남짓 떨어진 이옥과 우리의 거리였다. 다행히 유재일 교수가 ≪열상고전연구≫ 제8집에 발표한 <이옥 시의 작품 성향 연구>라는 논문에 자극 받아, 나의 번역 작업은 다시 이어졌다. 예전에 원고지에 써두었던 원고부터 다시 입력하고, 민속 관계의 책들을 뒤져 가며 가능한 출전을 다 찾아내었다. 홍구아(紅口兒)와 계대(桂隊)라는 말은 끝내 확인하지 못했는데, 뒷날 보완하려고 한다. 마지막 교정 단계에서 65수를 차근차근 읽어 주면서 몇 가지 도움말을 준 유재일 교수께 감사드린다.

1997년 가을
허경진

文無子 李鈺 詩集·차례

머리말 · 5

아조 - 이옥 · 11
염조 - 이옥 · 33
탕조 - 이옥 · 53
비조 - 이옥 · 75
황주염곡 - 허균 · 95
고염잡곡 13편 - 최성대 · 103
상랑전 - 이옥 · 113
산유화 · 121
  산유화 - 이안중 ■ 123
  산유화곡 - 이안중 ■ 125
  산유화 - 이우신 ■ 128
  산유화곡 - 이노원 ■ 130
  산유화후곡 - 이노원 ■ 132
  향랑요 - 이광정 ■ 133
  산유화여가 - 최성대 ■ 143
  향랑시 - 이덕무 ■ 151
  산유화요 - 부여 지방 민요 ■ 161

■ 부록
작가 연보 ■ 164
민요와 한시의 거리 - 허경진 ■ 168
원시제목 찾아보기 ■ 192

아조(雅調) - 이옥

* '아(雅)'는 떳떳하고[常] 바른[正] 것이다. '조[調]'는 가락[曲]이다. 부인이 어버이를 사랑하고 지아비를 공경하며, 집안 살림에 검소하고 일에 부지런한 것은 모두 천성의 떳떳한 모습이고 인도의 바른 모습이다. 그래서 이 시편에서는 어버이를 사랑하고 지아비를 공경하며 부지런하고 검소한 모습을 모두 묘사하여, <아조(雅調)>라고 이름붙였다. 모두 17편이다.

1.

서방님은 나무 기러기를 잡고
나는[1] 말린 꿩고기[2]를 바쳤었지요.
그 꿩이 울고 그 오리 높이 날도록
두 사람 사랑이 끝없어지이다.[3]

其一

郎執木雕鴈, 妾捧合乾雉.
雉鳴雁高飛, 兩情猶未已.

---

1. 원문의 '첩'은 시 속의 주인공인 여인이 자신을 가리키는 1인칭이다. 딸이 아버지 앞에서 자신을 첩이라고 하는 경우도 있었다.
2. 서울에서 혼례를 치를 때에 신부가 시부모에게 말린 꿩고기를 폐백으로 바치는 풍속이 있었는데, 그것을 합에 담아서 바치므로 합건치(合乾雉)라고 했다. 이능화가 지은 《조선여속고(朝鮮女俗考)》 4장 <신부랑(新婦娘)>에 이 시와 함께 꿩고기의 용도를 설명하였다.
3. 옥으로 연꽃을 새겨 옥으로 연꽃을 새겨
   그 꽃이 삼동에 피어야 그 꽃이 삼동에 피어야
   유덕하신 님 여위어지이다. -고려속요 <정석가>

2.

다홍실 맨 술잔을 들어
신랑에게 합환주[1]를 권했지요.
한 잔 술에 아들 셋 낳고
석 잔 술엔 아흔을 산다고 했지요.

■

1. 혼례 때에 신랑 신부가 서로 잔을 바꾸어 마시던 술이다. 혼례가 끝날 무렵에 신랑과 신부가 차례로 절하고 나면, 수모가 표주박 합근배(合巹杯)에 술을 따라서 신랑 신부 사이에 세 번 교환해 마시게 하였다. 매우 가난한 집에선 물을 따라 마시기도 했다. 다시 서로 절하고 나면 혼례가 끝난다. 둘로 쪼개었다가 다시 합한 표주박은 부부의 상징인데, 결혼 60주년이 되면 회근례(回巹禮)를 치렀다.

* 너와 나와 만날 적에
  열두 폭의 차일 밑에
  족두리는 내가 쓰고
  사모관대 네가 쓰고
  양초 불을 마주 켜고
  오색 당사 걸어 매고
  암탉 잡아 밤을 물려
  국향 재배 하올 적에
  백 년 살자 맹서하고
  금잔 한 잔 은잔 한 잔
  석삼 잔이 오고가고
  아들 다섯 딸 다섯에
  옹기종기 잘살자고
  네 눈 내 눈 마주쳐서
  얼사 좋소 맹서한 후 -민요

其二

福手紅絲盃，勸郎合歡酒．
一盃生子了，三盃九十壽．

3.

신랑은 백마를 타고 오고
나는 붉은 가마를 타고[1] 갔지요.
친정 어머닌 문 밖까지 따라나오며 주의하셨지요.
시아버님 뵙거든 절하고 서두르지 말라셨지요.

其三

郎騎白馬來, 妾乘紅轎去.
阿孃送門戒, 見舅拜勿遽.

■

1. 국립중앙도서관본 원문에는 '승(勝)'자로 되어 있다.

4.

우리 친정집은 광통교[1]에 있고
시댁은 수진방[2]에 있어,
가마에 오를 때마다
치마를 눈물로 가득 적셨지요.[3]

其四

兒家廣通橋, 夫家壽進坊.
每當登轎時, 猶自淚沾裳.

■

1. 청계천에 28 다리가 걸려 있었는데, 광교가 두 개 있었다. 큰 광교는 종로구 서린동에 있었고, 작은 광교는 남대문로 1가 23번지 남쪽에 있었다. 이 일대를 광통방이라고 하였는데, 큰 광교골은 남대문로 1가와 삼각동에 걸쳐 있었고, 작은 광교골은 그 남쪽 동네였다. 대보름날 밤에 열두 다리를 밟으면 1년 동안 다리를 앓지 않는다고 해서, 그 날 밤에는 서울 사람들이 모두 나와 밤 늦도록 돌다리를 밟았는데, 광교와 수표교에 가장 많이 모였다. 다리[橋]와 다리[脚]의 훈이 같기 때문에 생겨난 민속이다. 청계천이 복개된 뒤에도 광교는 지하에 그대로 보존되어 있으며, 지금도 정기적으로 청소하고 보수한다.
2. 지금의 종로구 수송동 일대인데, 조선 건국의 주역인 정도전의 집이 수진동 중학천 가에 있었다. 정도전이 서울의 궁궐 이름과 동네 이름들을 지었는데, 오래 살라는 뜻에서 '수진방(壽進坊)'이라고 지었다. 그러나 그는 태조가 총애하던 강씨 소생의 아들 방석을 세자로 책봉하도록 건의하고 조선 건국에 공이 많은 이방원을 견제하였으므로, 제1차 왕자의 난 때에 이방원에게 살해되었다. 그래서 '수진(壽進)'이 결국은 '수진(壽盡)'이 되었다고 하여, 그뒤에 이 동네를 수송동으로 고쳤다.

수송동 53번지에는 예전에 수진궁(壽進宮)이 있었는데, 8대 임금 예종의 둘째 왕자인 제안대군이 세종의 일곱째 아들 평원대군의 봉사손이 되어 수진궁에서 살았다. 제안대군은 장가도 못들고 죽었는데, 그뒤에 장가 못가고 죽은 대군·왕자·왕손과 시집 못가고 죽은 공주·옹주의 혼백을 모두 수진궁에 함께 모시고 제사를 받들었다. 그래서 '수진궁 귀신'이라면 울던 아이도 울음을 그쳤다는데, '수진(壽進·壽盡)'이라는 이름이 빌미가 되어서 그랬다는 미신이 전해졌다.

3. 형님 형님 사촌형님
  시집살이 어떱디까.
  왜고애야 말도 마라
  고추당초 맵다한들
  시집보다 더할손가.
  다홍치마 걸어 놓고
  들어올 적 나아갈 적
  눈물 씻기 다 젖었네. -민요

5.

검은 머리털 한데 맞풀어
파뿌리 되도록 함께 살자고 했지요.
부끄럽지 않으려 해도 저절로 부끄러워져
신랑에게 석 달 동안 말도 못했지요.

其五

一結青絲髮, 相期到葱根.
無羞猶自羞, 三月不共言.

6.

내 어려서부터 궁체[1] 쓰기를 익혀
이응자 양 옆에 뾰죽히 모가 졌지요.[2]
시부모님도 내 글씨 보시고 기뻐하시며
언문 여제학[3]이라고 칭찬하셨지요.

其六

早習宮體書, 異凝微有角.
舅姑見書喜, 諺文女提學.

■

1. 숙종 시대에 이르러 새롭게 정리된 궁녀들의 글씨체를 궁체라고 불렀는데, 여성들의 성격과 생리에 어울리게 조신하고도 둥근 글씨체이다. 궁체에는 정자·흘림·진흘림의 세 가지가 있는데, 편지글·소설·계율서·번역서에 두루 쓰였다. 정자는 한자 서체의 해서, 흘림은 행서, 진흘림은 초서에 비교된다.
2. 궁체에서 이응자를 쓰던 필치이다.
3. 조선시대에 문장을 담당하던 관청이었던 홍문관의 책임자가 대제학인데, 최고의 문장가를 대제학에 임명하였다. 여자는 한문을 배워 과거시험을 보거나 벼슬에 오를 자격이 없었으므로, 언문에 있어서는 여자 가운데 으뜸이라는 뜻으로 이 말을 썼다.

7.

4경[1]에 일어나 머리를 빗고
5경에는 시부모님께 문안을 드렸지요.
이 다음 친정에 돌아가면
먹지도 않고 한낮까지 잠을 잘래요.[2]

其七

四更起掃頭, 五更候公姥.
誓將歸家後, 不食眠日午.

■

1. 새벽 한시부터 세시까지이다.
2. 메늘애기 잠잔다고
   시어머니 송사 가네.
   원수 같은 이 내 잠아
   너 때문에 나 죽겠다.
   제발 비니 오지 말고
   멀리 멀리 가려무나. -민요

8.

누에를 길러 손바닥만큼 커지면
뜨락에 내려 부드러운 뽕잎을 땄지요.
동해주 비단이 없는 게 아니지만
취미로 길러 보고 싶어서였지요.

其八

養蠶大如掌, 下堦摘柔桑.
非無東海紬, 要驗趣味長.

9.

서방님 옷을 바느질하다 보니
꽃기운이 온몸을[1] 나른하게 하네요.
바늘 뽑아 옷섶에 돌려 꽂고는
앉은 채로 《숙향전》을[2] 읽곤 하지요.

其九

爲郞縫衲衣, 花氣惱儂倦.
回針揷襟前, 坐讀叔香傳.

■

1. 농(儂)은 나를 가리키는 말인데, 악부시(樂府詩)에서 많이 썼다. 원래 오나라 방언이었는데, 수나라 양제(煬帝)가 궁중에서 오나라 음(音)을 즐겨 흉내냈기 때문에, 농(儂)이라는 말이 널리 쓰이게 되었다. 여러 지방의 풍물과 사랑을 노래한 죽지사(竹枝詞)에서도 많이 썼다.
2. 천상의 선녀였던 숙향(淑香)이 전생에 노닐던 꿈을 꾸고는 그 기억을 더듬어 아름다운 수를 놓았는데, 그것이 당대 문장가인 이선(李仙)의 수중에 들어갔다. 이것이 계기가 되어 두 사람이 아름다운 인연을 맺고 부부가 되어 행복하게 살았다는 줄거리의 소설이다. 《숙향전》은 여성 독자들에게 가장 많이 읽혔던 고소설 가운데 하나인데, 남편 위해서 바느질하고 있었기에 그 분위기에 더욱 어울린다. 원문에서 '숙(叔)'자를 '숙(淑)'자로 고쳐야 한다.

10.

시어머님께서 주신 예물은
옥동자 노리개 한 쌍이었죠.
드러내 놓고 달기가 부끄러워
술¹ 속에다 매어 달았죠.

其十

阿姑賜禮物, 一雙玉童子.
未敢顯言佩, 結在流蘇裏.

■

1. 유소는 여러 가지 빛깔로 물들인 명주실로 여러 종류의 끈을 쳐서, 그 것으로 다양한 매듭을 맺고 그 끄트머리에 술을 달아 드리운 장식이다. 술의 종류로는 봉술·딸기술·방망이술·끈술(낚지발술)·방울술·전복 (戰服)술·금전지술·잔술 등이 있는데, 이 가운데 주로 딸기술·봉 술·끈술을 노리개에 사용하였다. 이 술은 패물의 크기에 따라 대소를 맞추어 달았다. 깃발이나 가마에 매달아 늘어뜨리기도 하였다.

11.

친정 계집종이 창틈으로 와서
가느다란 목소리로 아가씨를 부르네.
친정 생각을 참을 수가 없으면[1]
내일이라도 가마를 보내겠다네.

十一

小婢牕隙來, 細喚阿哥氏.
思家如不禁, 明日送轎子.

---

1. '사(思)'자가 '시(媤)'자로 되면, "시댁에서 막지 않으면"이라는 뜻이 된다.

12.

풀빛 비단 상사단으로
쌍침 가지고 귀주머니[1]를 만들었지요.
삼층 나비를 만들어서는
고운 손으로 남편에게 드렸지요.

十二

艸綠相思緞, 雙針作耳囊.
親結三層蝶, 倩手奉阿郎.

---

1. 한복에는 주머니가 없었기 때문에 노리개를 겸한 주머니를 따로 차고 다녔는데, 둘레가 둥근 염낭(두루주머니)과 양 옆이 모난 이낭(귀주머니)이 있었다. 이 주머니에다 수를 놓고 매듭과 오색실을 달아 아름답게 꾸몄으며, 재료・색・수를 구별해서 신분을 나타내기도 했다. 풍년과 평안한 생활을 기원하는 뜻에서 곡식 태운 재를 넣어서 임금이 신하들에게 주기도 했다.

13.

남들은 모두 그네를 뛰는데
나 혼자 같이 놀지를 못하네.
팔힘이 약해서라고 했지만
옥비녀를 떨어뜨릴까 겁나서라네.

十三

人皆戲鞦韆, 儂獨不與偕.
宣言臂力脆, 恐墜玉龍釵.

14.

햇살 무늬 보자기로 싸서
대상자 속에 간직했었지.
서방님 옷을 마름질하니
손의 향내가 옷에까지 배어드네.

十四

包以日紋袱, 貯之皮竹箱.
手剪阿郞衣, 手香衣亦香.

15.

자주 씻어 옥 같은 손으로
분을 조금 덜어서 꽃처럼 단장했네.
시댁 제삿날이 가까워지면
한동안 다홍치마를 벗고 지냈네.[1]

十五

屢洗如玉手, 微減似花粧.
舅家忌日近, 薄言解紅裳.

---

1. 원문의 박(薄)자나 언(言)자는 모두 ≪시경≫에서 많이 쓰던 발어사(發語詞)인데, 아무런 뜻도 없다.

16.

진홍빛 꽃무늬 베로 요를 만들고
아청빛 누른 비단으로[1] 이불을 만들었네.[2]
어찌 구름무늬 비단만 쓰랴
네 귀퉁이 거북무늬로 황금을 짓눌렀네.

十六

眞紅花布褥, 鴉靑土紬衾.
何必雲紋緞, 四龜鎭黃金.

■

1. 원문의 '토주(土紬)'는 바탕이 두텁고 빛이 누르스름한 비단이다.
2. 순종황제 가례 때의 이부자리 발기를 보면, 혼수 이불의 수가 별궁용까지 합해서 560여 채나 된다. 크게는 솜이불·누비이불·처네의 세 가지 종류가 있고, 누비이불은 다시 오목누비·중누비·세누비로 나뉘며, 처네도 솜과 누비의 두 종류가 있었다. 색깔은 남색·초록색·자주색·분홍색·보라색 등 각양각색이었다. 겨울용 천으로는 도류단(桃榴緞)이 쓰였고, 가을용으로는 수화주(水禾紬)·왜주(倭紬)·장원주(狀元紬)·화방주(花紡紬) 등이 쓰였으며, 여름용으로는 별문영초나 항라같이 얇은 천들이 쓰였다.

17.

남들은 비단옷도 가볍게 여겼지만
나는 허드레옷도 소중히 여겼지.
가문 밭에서 농부가 호미질하고
가난한 집 여인네가 베를 짜기 때문이지.

十七

人皆輕錦綉, 儂重步兵衣.
旱田農夫鋤, 貧家織女機.

염조(艶調) - 이옥

■

* '염(艶)'은 아름다운[美] 것이다. 이 편에서 쓴 시에는 교만·사치·부랑·경박·허식에 대한 이야기들이 많다. 위로는 아(雅)에 미치지 못하지만, 아래로 탕(宕)에 이르지도 않는다. 그래서 염조(艶調)라고 이름하였다. 모두 18편이다.

1.

울릉도 복사꽃 심지 마세요.
나의 새 단장보다 못하니까요.
위성의 버들가지도[1] 꺾지 마세요.
나의 긴 눈썹보다 못하니까요.[2]

一

莫種鬱陵桃, 不及儂新粧.
莫折渭城柳, 不及儂眉長.

∎

1. 위성은 옛날 진나라 효공이 도읍했던 함양인데, 한나라 때에 현을 설치하였다. 섬서성 함양현 동쪽에 있었다. 성문을 나서면 황야가 되므로, 사신으로 나가는 친지들과 이곳에서 헤어지며 지어준 시들이 많다. 당나라 시인 왕유의 시 <송원이사안서시(送元二使安西詩)>
   위성의 아침 비가 티끌을 적시니
   객사의 버들이 더욱 푸르러졌네.
   그대에게 한 잔 술을 다시 권하노니
   서쪽으로 양관을 나서면 아는 이가 없을 걸세.
   渭城朝雨浥輕塵. 客舍青青柳色新.
   勸君更進一杯酒. 西出陽關無故人.
   가 널리 알려진 뒤부터, 위성의 버들가지가 이별시의 소재로 많이 쓰였다. 멀리 떠나는 연인이나 친구와 헤어지면서 버들가지를 꺾어 말채찍으로 선물하는 습관도 있었다. 양관은 감숙성 돈황현에 있던 만리장성의 관문이다.
2. 우리 집은 장간리에 오래 살아서
   장간리 길을 오가곤 했죠.
   내가 더 예쁜가 이 꽃이 더 예쁜가
   꽃가지 꺾어들고 님께 묻기도 했죠.
   家居長干里, 來往長干道.
   折花問阿郎, 何如妾貌好. -허난설헌 <장간행(長干行) 1>

2.

당신[1] 말로는 술집에서 왔다지만
내 생각엔 기생집에서 온 것 같아요.
어떻게 해서 속적삼 위에
연지가 꽃모양으로 찍혀 있지요?

二

歡言自酒家. 儂言自娼家.
如何汗衫上, 臙脂染作花.

■

1. 기쁠 환(歡)자는 서로 사랑하는 남녀 사이에 부르는 호칭인데, 악부시(樂府詩)에서 많이 쓰였다.

3.

외씨 같은 흰 버선으로
벽장동을[1] 노닐며 걸었지요.
바느질하는 계집종이 따라다녀서
남에게 놀림은 받지 않았어요.

三

白襪瓜子樣, 休踏碧粧洞.
時體針線婢, 能不見嘲弄.

■

1. 관아재(觀我齋) 조영우(趙榮祐)가 그린 <동국풍속도> 가운데 의녀화찬(醫女畵贊)에
   복숭아처럼 쪽찐 머리 목어 같은 귀밑머리에
   자주빛 회장저고리 초록치마를 입었네.
   벽장동에다 새로 산 집을 찾아가야지.
   오늘 밤에는 누구 집에서 놀다가 돌아갈까.
   天桃高髻木魚鬢, 紫的回裝草綠衣.
   應向壁藏新買宅, 誰家今夜夜遊歸.
   라고 한 것을 보아, 기생들이 모여 살았던 곳인 듯하다.

4.

머리 위에 있는 게 무어냐고요?
나비처럼 날아갈 듯한 비녀랍니다.
다리 아래 있는 게 무어냐고요?
꽃무늬 수 놓은 신발이랍니다.

四

頭上何所有, 蝶飛雙節釵.
足下何所有, 花開金草鞋.

5.

치마는 붉은 항라에다
저고리는 남방 갑사라네.
걸을 때마다 쟁그랑 소리가 나며
은복숭아 노리개가 향집과 맞부딪치네.

五

下帬紅杭羅, 上帬藍方紗.
琤琤行有聲, 銀桃鬪香茄.

6.

여느날에는 복숭아처럼[1] 쪽찌고
부드럽게 빗어 단장했지만,[2]
지금은 족두리 쓰고[3]
연지 분을 서둘러 발랐네.

六

常日夭桃髻, 粧成腕爲酥.
今戴簇頭里, 脂粉却早塗.

■

1. 원문의 요(夭)자는 조영우의 <동국풍속도> '의녀화찬'을 보아 천(夭)자인 듯하다.
2. 완(腕)자는 취(脆)자인 듯하다. 완(腕)자 그대로 번역하면, "팔뚝까지 부드럽게 단장했지만"이 되는데, 이 시에선 머리 화장을 말하고 있기 때문이다.
3. 족두리는 검은 비단으로 만들어 아래는 둥글고 위는 여섯 모로 되었으며, 솜이 들어 있고, 그 가운데를 비게 하여 머리에 이도록 한 것이다. 이 당시의 족두리는 아무런 장식이 없는 민족두리로서, 광해군(1608-1623 재위) 시절에 유행했었다. 영조가 가체(加髢, 다리·덧머리) 대신에 이 민족두리의 사용을 권장하였지만, 민족두리 아닌 꾸민족두리가 등장함으로써 가체 못지않은 사회 문제를 야기시켰다. 즉 옥판(玉板)을 밑에 바치고, 산호구슬·밀화구슬·진주 따위를 장식한 것이다. 이렇게 되자 족두리의 가격이 가체(덧머리)의 가격과 맞먹게 되고, 폐단은 여전하였다. -전완길 ≪한국화장문화사≫
   원문의 '족두리(簇頭里)'는 한자의 음을 빌려서 우리말을 표현한 것이다.

7.

이웃 할미와 약속하고
내일 아침에는 노량나루를 건너가야지.[1]
올해에는 아들을 낳을는지
제석에게 직접 물어 보아야지.

七

且約東隣嫗, 明朝涉鷺梁.
今年生子未, 親問帝釋傍.

■

1. 정조 4년(1780) 9월 기해에 어주강(御晝講)에서 호조판서 김화진이 아뢰었다. "경성의 무녀를 어제 이미 한강 밖으로 내쫓았으니, 무당의 세금은 해당 읍에서 받아들이는 것이 마땅합니다." 그래서 이 의견을 따랐다. -이능화 《조선여속고》 제12장.
근세에 경성 남대문 밖 소머리고개와 용산강의 노량진에 무당들이 모여 사는데, 이들은 모두 경성에서 쫓겨나 이곳에 거주하며 부락을 이룬 사람들이다. -같은 곳.

8.

봉선화 필 때까지 기다리지 못해
봉선화 잎 그대로 물들여 보았지요.
손톱이 파래질까 걱정했는데
더 예쁘게 붉은 손톱이 되었답니다.

八

未耐鳳仙花, 先試鳳仙葉.
每恐爪甲靑, 猶作紅爪甲.

9.

올이 고운 흰 모시베
진안에서 짜낸 상품이지요.
깨끼저고리를[1] 만들었더니
능라 비단처럼 빛이 나네요.

九

纖纖白苧布, 定是鎭安品.
裁成角歧衫, 光彩似綾錦.

■

1. 시접 없이 가는 솔기의 선만 나타나도록 만든 겹옷을 깨끼옷이라 했는데, 주로 여름에 입었다. 투명한 노방·생고사·준주사 등 발이 곱고도 풀기있는 비단으로 만드는데, 특히 무늬없는 노방을 겹으로 받쳐서 만들면 투명한 옷감이 겹쳐서 자연스럽게 물결무늬가 생기므로 우아하고도 품위있게 보인다. 바느질 솜씨가 섬세해야 만들 수 있는데, 이 옷은 뜯어서 늘이거나 재생할 수 없으므로 평상복으로 짓지는 않았다.
  이 시에서는 '각기삼(角歧衫)'의 음과 훈을 빌어서 '깨끼저고리'라는 우리말을 기록하였다.

11.

상자 안에 가득 옷이 있는데
모두가 붉은 실로 수 놓은 것들이지요.
어렸을 적에 가장 아끼며 입었던 옷은
연화봉 무늬 수 놓은 붉은 치마지요.

十一

儂有盈箱衣, 個個紫繢粧.
最愛兒時着, 蓮峰粉紅裳.

---

* 10번 시는 원문에 번호만 쓰여 있고, 시는 실려 있지 않다.

12.

삼월엔 송금단 비단치마에
오월엔 광월사 모시저고리.¹
호남의 참빗장수 아낙이
우리집을 재상가로 잘못 알았네.

十二

三月松錦緞, 五月廣月紗.
湖南賣梳女, 錯疑宰相家.

■

1. 3월 3일에는 초록 공단 당의에 파란 지환을 끼고, 떠꽂이는 옥모란잠·
   은모란잠·매죽잠(梅竹簪) 중 꽂고 싶은 대로 골라서 꽂는다.
   4월 8일에는 초록 항라(亢羅) 당의, 4월 8일 이후에는 초록 광사(光紗)
   당의를 입는다.
   5월 단오에는 초록 광사 깨끼 당의에 비단 웃치마를 입고, 옥지환을 낀
   다. 규칙은 이렇지만 계절에 맞추어서 광사 당의를 입을 때에는 비단
   겹치마가 좋은데, 몹시 더울 때에는 홑치마를 입는다. 5월 10일에는 흰
   광사 당의를 입는다. -(조선 24대 헌종의 후궁) 경빈(慶嬪) 김씨 <사절
   복색자장요람(四節服色自藏要覽)>

13.

붉은 꽈리를[1] 쪽쪽 빨면서
하도 비비다 보니 껍질만 남았네.
봄바람이 다시 불어와 들어차게 되면
옆에 있을 때처럼 둥그래지겠지.

十三

細吮紅口兒, 枊來但空皮.
返吹春風入, 圓似在傍時.

---

1. '홍구아(紅口兒)'의 출전을 찾지 못했다. 붉은 꽈리인 듯하지만, 확실치 않다.

14.

달기로는 중배끼[1]가 가장 싫고요
맵기로는 이강주[2]가 가장 겁나죠.
생선 가운데는 꽃전복[3]이 좋고요
과일 가운데는 유월 복숭아죠.

十四

餂嫌中白桂, 烈怕梨薑膏.
在腥惟花鰒, 於果六月桃.

∎

1. 유밀과(油蜜菓)의 한 가지인데, 중박계(中朴桂)라고도 쓴다. 정약용이 ≪아언각비(雅言覺非)≫에서 "나라의 제사나 잔치에 약과(藥果)와 중배끼를 차렸다"고 하면서, 주(註)에서 "지금 풍속에 혼례에는 한과(漢果)를 쓰고 신부의 이바지 음식에는 대약과(大藥果)를 쓰는데, 한과(漢果)라고 하는 것이 바로 대배끼(大朴桂)이다"고 하였다.
2. 원문의 '이강고(梨薑膏)'는 소주에다 배즙·생강즙·꿀을 넣고 중탕해서 만든 약용 술이다. ≪조선주조사≫에 의하면, "소주에 울금과 계피가루를 넣어 끓이고, 여기에 배와 생강을 갈아서 함께 주머니에 담는다. 이것을 설탕 녹인 소주에 침지하여 2-3시간 동안 방치한다. 그러면 울금에서 우러나오는 황색과 계피·배·생강에서 나오는 방향에 의하여 특이한 술이 얻어진다"고 하였다. 전라북도 전주는 생강의 명산지이고, 황해도 봉산은 배의 명산지여서, 이 두 지방의 이강고가 다같이 유명하다. 상류층에서 즐겨 마셨는데, 요즘도 이강주를 민속주로 만든다.
3. 꽃 모양으로 저며 놓은 전복이다. 허균이 지은 <도문대작(屠門大嚼)>에서, "화복(花鰒)은 경상 우도 바닷가 사람들이 전복을 따서 꽃 모양으로 저며 상을 장식한 것이다. 또 큰 것은 얇은 조각으로 썰어서 만두를 만드는데, 역시 (맛이) 좋다"고 하였다.

15.

은어 같은 머리털을 빗고 또 빗으며
천 번이고 만 번이고 거울을 들여다보네.
이빨이 너무나 흰게 되려 싫어서
옅은 먹물을 분주히 머금어 보네.

十五

細梳銀魚鬢, 千回石鏡裏.
還嫌齒太白, 忙嗽淡墨水.

16.

시어머니 꾸지람 잠시 듣고는
사흘 내내 끼니를 굶고 지냈지.
내가 은장도를¹ 차고 있으니
그 누구도 내게는 말을 삼가야지.²

十六

蹔被阿娘罵, 三日不肯飡.
儂佩靑玒刀, 誰復愼儂言.

■

1. 규장각본에는 '공(玒)'자가 '장(粧)'자로 되어 있다.
2. 원문의 '신(愼)'자를 '진(嗔)'자로 고치면, "그 누가 다시 나를 꾸짖을 텐 가"라고 번역된다.

17.

복사꽃은 너무 천박하고
배꽃은 너무 쌀쌀맞네.
연지 분 화장을 잠시 멈추고
살구씨 화장을 하네.[1]

十七

桃花猶是賤, 梨花太如霜.
停勻脂與粉, 儂作杏花粧.

∎

1. 달걀 노른자와 살구씨를 으깨어 발라서 기미를 예방하였다. 살구씨 기름은 얼굴의 기미와 주근깨를 없애는 미백제로 인기가 높았으며, 화장품 용해제로도 썼다고 한다.

18.

서방님은 쌍제비가 예쁘다지만
나는야 제비새끼 많은 것이 좋아요.
하나같이 생김새 묘하기만 해서
이 가운데 누가 형인지 알 수가 없네요.

十八

郎愛雙燕美, 儂愛燕兒多.
一齊生得妙, 那個是哥哥.

탕조(宕調) - 이옥

■

* '탕(宕)'이란 흐트러져 금할 수 없는 것이다. 이 편에서 읊은 것들은 모두 창기(娼妓)에 대한 이야기들이다. 사람이 이에 이르면 방탕한 마음을 금할 수 없기 때문에, 탕조(宕調)라고 이름지었다. ≪시경≫에도 또한 정풍(鄭風)과 위풍(衛風)이 있다. (탕조는) 모두 15편이다.

1.

내 머리에 몸을 대지 말아요.
동백 기름이 당신 옷에 묻어요.
내 입술에 가까이 하지 말아요.
연지가 부드러워 흘러들어요.

一

歡莫當儂髻, 衣沾冬栢油.
歡莫近儂唇, 紅脂軟欲流.

2.

당신 담배 피우며 오는 걸 보니
손에다 동래죽[1]을 들고 있군요.
앉기도 전에 빼앗아 감출래요.
수복(壽福) 새긴 백통대[2]를 좋아하니까요.

二

歡吸烟草來, 手持東萊竹.
未坐先奪藏, 儂愛銀壽福.

■

1. 동래에서 대나무로 만든 담뱃대이다. 담배가 광해군 10년(1618년)에 일본을 거쳐 들어왔으므로, 초기의 담뱃대도 역시 일본 양식이 옮겨왔다. 그래서 대일무역의 창구 역할을 하였던 동래에서 일찍부터 담뱃대가 만들어져 이름을 날렸다. 19세기에 지어진 《오주연문장전산고》나 《규합총서(閨閤叢書)》에서 이미 동래연죽(東萊煙竹)을 유명물산의 하나로 지목하였고, <춘향전>에도 "왜간죽 부산대에 담배를 너홀지게 담는다"는 구절이 보인다.
2. 담뱃대의 대는 대나무로 만들고, 담배통은 구리나 놋쇠 백통을 썼으며, 물부리는 쇠뿔·수정·호박·옥으로 만들었다. 백통은 구리에 아연과 니켈을 합금해서 만든다. 서유구가 지은 <금화경독기>에서 "전국에 걸쳐 사치하기를 다투는 자들이 백통이나 오동(烏銅)으로 담뱃대를 만들 뿐만 아니라, 금은으로 치장하기까지 해서, 쓸데없는데다 막대한 비용을 허비한다"고 비판한 것을 보아, 조선 후기에 담뱃대를 사치스럽게 만드는 유행이 있었음을 알 수 있다.

 * 담바구야 담바구야
   동래 울산의 담바구야

네의 국(國)은 어떻길래
우리 국으로 나왔나
우리 국도 좋건마는
대한국으로 유람왔다
은을 주려 나왔느냐
금을 주려 나왔느냐
은도 없고 금도 없고
담바귀 씨만 가지고 왔네.
저 건너 남산 둥그런 밭에
담바귀 씨를 솔솔뻬여
낮이면은 옥수(玉水) 주고
밤이면 찬이슬 주어
겉의 겉잎 다 젖히고
속의 속잎 따다 가서
맵세있게 접어 놓고
담배뒤칼로 쓸어내여
처녀의 쌈지 한 쌈지요
총각의 쌈지 두 쌈지라
은죽장 백통대를
소상반죽 열두 마디
끝만 물려 맞혀 놓고
청동화로 백탄숯에
이글이글 피워 놓고
담배 한 대 먹고 보니
목구멍 안의 실안개 낀다 -대흥군 〈담바구타령〉

3.

당신이 내 은반지를 뺏아 가더니
매듭 풀어 옥선추[1]나 주시는군요.
금강산을 그린 부채는
남겨 두었다가 누굴 농락할거죠?

三

奪儂銀指環, 解贈玉扇墜.
金剛山畵扇, 留欲更誰戱.

---

1. 선추(扇鍾)는 부채 밑고리에 중심을 잡기 위해서 매단 일종의 노리개이다. 호박·은·비취를 비롯해서, 정교하게 조각한 나무나 매듭 등을 재료로 썼다. 이 선추는 원래 벼슬한 사람만이 달 수 있었다지만, 조선 후기에는 돈 많은 사람들이 사치품을 달아서 썼다. 개화기에는 선추가 금강산 관광 기념품 가운데 인기 품목이었다고 한다. 옥으로 만든 선추가 옥선추인데, 추(墜)자는 추(鍾)자라야 맞다.

4.

서쪽 정자 강 위에 달이 떴고[1]
동쪽 누각 눈 속에 매화 피었네.[2]
그 누가 번거롭게 노래를 지어
나로 하여금 오래도록 입을 열게 했나.

四

西亭江上月, 東閣雪中梅.
何人煩製曲, 敎儂口長開.

■

1. 서정(西亭)은 옛 정자 이름인데, 당나라 때에 세웠다. 소주부(蘇州府)에 있었다.
 '서정강상월(西亭江上月)'이라는 노래는 당시에 널리 불려졌던 듯하다. ≪춘향전≫에서도 이 도령이 이 노래를 불렀으며, 최성대의 시집 ≪두기시선(杜機詩選)≫ 1권에 실린 <십년후시답계간(十年後詩答桂簡)>에도 님을 이별한 여인이 고개 숙이고 '서정강상월(西亭江上月)'을 부르는 모습이 나온다.
 "이때 춘향이 칠현금(七絃琴) 빗겨 안고 <춘면곡(春眠曲)> 탈 때, 이 도령이 그 금성(琴聲)을 반겨 듣고 글 두 귀를 읊었으되, '세사(世事)는 금삼척(琴三尺)이요 생애(生涯)는 주일배(酒一杯)라. 서정강상월이요 동각설중매라'" -<춘향전> 완판 33장본
2. 동각(東閣)은 사천성 간양현 동쪽에 있는 땅이름이다. 두보의 시 가운데 "동각 궁중의 매화가 시흥을 일으키네[東閣宮梅動詩興]"라는 구절이 있다. '강상월'과 '설중매'는 그뒤 신소설의 제목으로도 쓰였다.

5.

당신 오더라도 귀찮게 굴지 마세요.
나는 지금 가난한 게 걱정이거든요.
있는 거라곤 구슬뿐인데
엽전 열닷 꿰미밖에 안 되거든요.

五.

歡來莫纒儂, 儂方自憂貧.
有一三千珠, 纔直十五緡.

6.

단오날 부채로 손바닥을 치며
계면조[1]를 낮게 불렀죠.
나를 아는 이들이 일시에
잘한다 잘한다고 칭찬했지요.

六

拍碎端午扇, 低唱界面調.
一時知我者, 齊稱妙妙妙.

---

1. 전통음악에서 널리 쓰이는 선법(旋法)의 하나이다. 성호 이익은 ≪성호사설≫ <속악(俗樂)>조에서 "계면(界面)이라는 말은 (그 가락을) 듣는 자들이 (슬퍼하며) 눈물을 흘려, 그 눈물이 얼굴에 금을 긋기 때문에 붙여진 이름이다"고 했다. ≪해동가요≫에서는 계면조를 "처절하게 흐느낀다[嗚咽悽愴]"고 했으며, ≪가곡원류≫에서는 "애원처창(哀怨悽愴)하다"고 했다.

7.

이젠 가을달처럼 늙었으니
지난해쯤에 집으로 돌아갔어야 했네.
문군[1]은 어떻게 생겼기에
내가 그 시를 삼가지 못하나.

七

卽今秋月老, 年前可佩歸.
文君何樣生, 儂不愼渠詩.

■

1. 문군은 한나라 부자 탁왕손(卓王孫)의 딸인데, 한때 과부로 살고 있었다. 가난한 문장가 사마상여(司馬相如)가 거문고를 타면서 사랑을 전하자, 그 거문고소리에 반하여 밤중에 사마상여의 집으로 달려왔다. 사마상여의 아내가 되었지만 아버지가 결혼을 반대하였기 때문에, 부부가 술집을 차리고 장사하였다. 결국 탁왕손이 이들의 결혼을 인정하고 살림을 차려 주었다. 나중에 사마상여가 무릉의 딸을 첩으로 맞아들이려 하자, 탁문군이 <백두음(白頭吟)>을 지었다. 사마상여가 그 시를 보고 자기의 잘못을 뉘우치며 첩 맞아들이기를 단념하였다.

8.

남들은 우리 중매 서길 꺼리지만
우리도 사실은 정조가 있답니다.
날마다 북적이는 술자리에서
불 밝힌 채로 한밤을 지샌답니다.

八

人疑儂輩媒, 儂輩實自貞.
逐日稠坐中, 明燭度五更.

9.

서방 이름도 알지 못하는데
직함을 어찌 알겠어요.
동달이¹는 포교일 테고
붉은 옷은² 별감이겠지.

九

不知歡名字, 何由誦職啣.
挾袖惟捕校, 紅衣定別監.

■

1. 깃과 소매의 색이 다른 직령포(直領袍)이다. '동달이'는 "소매를 달았다"는 뜻이다. 조선 후기에 만들어진 융복(戎服) 가운데 중의(中衣)인데, 소매가 가볍고도 편하게 좁은 모양이어서 협수(夾袖)라고 했으며, 또는 소매를 덧댔다고 해서 겹수(裌袖)라고도 한다. 동달이 전복을 입고 남전대를 띠고 환도 동개를 메고 손에 등채를 들고 전립을 쓰면 구군복(具軍服)이 된다.
2. 각 전(殿)의 별감이 입던 평상복인데, 좁은 소매의 홍직령(紅直領)을 준말로 홍의(紅衣)라고 하였다. 《경국대전》 예전(禮典) <의장(儀章)>조에서 별감복을 보면 관은 자건(紫巾), 복은 청단령, 대(띠)는 조아(條兒)인데, 《속대전》에 와서 홍직령을 입게 되었다. 교외에 나갈 때에는 홍색 철릭을 입었다.

   * 기부(妓夫)는 후배(後陪)·조방군(助幇君)·애부(愛夫) 등으로 불리기도 하는데, 말하자면 기생의 매니저이다. 그 정의는 이렇다. "기녀의 의식주는 모두 기부가 마련한다. 그리고 고객이 있으면 그 날 밤은 기녀를 고객에게 양보하고, 없으면 동침한다." 기생이 지방에서 선상(選上)

되어 서울에 거주하게 되면 반드시 의식주의 해결이 문제되었을 것인 바, 이에 기부의 존재가 생겨났던 것이다. 흥미로운 사실은 조선 후기 기부가 되는 데는 일정한 범위가 있었다는 점이다. 즉 각전의 별감, 포도 군관(捕校), 정원 사령, 금부 나장, 궁가 척리의 겸인 및 무사 이외에는 기부가 될 수 없었다. 대원군 때 와서 금부와 정원의 사령은 관기의 기부에서 제외되는데(단지 창부의 기부가 되는 것만 허용됨), 이들의 출신성분이 이들 중간계층 중에서도 다소 낮기 때문인 것으로 짐작된다. 이 둘을 뺀 각전 별감, 포도군관(포교), 궁가 겸인, 무사를 사처소의 오입쟁이라 한다. 특히 기부의 주류는 별감, 대전 별감이었다. 이들은 기생을 완전히 지배하고 있었으니, 만약 기생을 첩으로 앉히려면 반드시 기부에게 대가를 지불해야만 하였다.
<탕조(宕調)>는 기방의 풍경을 묘사한 시다. 이 시를 통해 포교가 사처소의 오입쟁이에 끼었던 사정을 짐작할 수 있을 것이다. 김화진에 의하면, 색주가(色酒家)의 포주는 대개 포도청 포교의 끄나풀이었으며, 이들의 수입 중 일부를 포교에게 상납하였다고 한다. -강명관 <조선후기 서울의 중간계층과 유흥의 발달>

10.

내가 부르는 <영산회상>¹ 소리를 듣고
반무당 다 됐다고 놀려대지만,
이 자리에 앉은 영감님네들
어찌 모두가 화랑이실까.²

十

聽儂靈山曲, 譏儂半巫堂.
座中諸令監, 豈皆是花郞.

∎

1. 불교에서 죽은 영혼을 천도하는 49재의 한 가지 형태인 영산재에서 원래 음악을 연주했었다. 영산재는 석가모니불의 설법회상인 영산회상(靈山會相)을 오늘에 재현한다는 상징적 의미의 법회인데, 불화 <영산회상도>를 내걸고 범패(梵唄)를 (소리)하며 바라춤을 추었다. 서산대사를 비롯한 불교 종단에서는 민간에 염불과 화청(和請·노래)을 권장했다. 그래서 장엄한 의식을 민간에 널리 발전시켰지만, 한편으로는 가난해진 사찰들이 많은 불사를 위해서 염불과 화청을 중심한 걸립패(建立牌·일종의 유랑연예단)를 조직하여 대중에게 보시를 권하게 하였다. 이런 과정에서 불교의 노래들이 불교계를 떠나 민속가요로 발전하기도 하였다. 뒷날 <영산회상>은 잡가로도 불렸으며, 광대가 판소리를 하기 전에 목청을 푸는 단가의 총칭으로도 쓰였다. 송만재가 지은 <관우희(觀優戲)>에도 <영산회상>으로 <진국강산(鎭國江山)>을 부르는 모습이 나온다. 신재효의 <광대가>에는 '영산초장 다스림'이라는 말도 나온다.
2. 무당의 남편을 화랑이라고 불렀다. 정약용이 지은 ≪아언각비≫에서, "화랑이란 신라 때 귀족들의 유람 단체를 이른다. 지금 무부(巫夫)나 광대[倡優]와 같이 천한 무리를 화랑이라 이르는 것은 잘못이다. …… (신라 때) 화랑은 옷을 화려하게 단장했는데, 지금 창부(倡夫)도 또한 옷을 화려하게 단장해 화랑이라는 이름으로 불리게 된 듯하다"고 그 유래를 설명하였다.

11.

육진의 다리는[1] 좋기도 해라.
모두들 얼굴에 연지를 찍었네.
아청빛 공단으로 댕기를 드리우고
새로 가리마[2]를 썼네.

十一

六鎭好月矣, 頭頭點朱砂.
貢緞鴉靑色, 新着加里麻.

■

1. 가체(加髢)는 원래 내명부(內命婦)와 외명부(外命婦)가 궁중 연회에 참석할 때와 왕·왕비·왕대비에게 문안 드릴 때 반드시 갖추어야 하는 머리치레[首飾]였다. 그러던 것이 어느새 궁 밖의 양반 부녀자는 물론 상민(常民)의 부너사마저 가체를 하였고, 특히 신부는 가체를 해야만 시부모를 뵙는 걸로 인식되었다. 그런데 가체에 사용하는 다리[加髢·月子·덧머리]의 가격이 워낙 비싼데다가 이를 꾸미는 댕기와 떠꽂이, 비녀, 떨잠, 각종 뒤꽂이의 가격 또한 고가(高價)여서, 보통 사람들이 장만하기 어려웠다고 한다. 일설에는 가체에 소용되는 비용이 집 한 채 값과 맞먹었다고 한다. 그러므로 이를 장만하지 못한 신부는 혼례를 치르고서도 시부모를 뵙지 못해, 몇 년씩 본가에서 대기한 경우도 있었다고 한다. 이와 같이 폐단이 많아 급기야 영조(英祖)는 가체(다리) 금지령을 내리고, 가체 대신에 족두리나 화관(花冠)을 사용하도록 하였다. 그러나 영조의 이 금령은 오히려 더 사치스러워지는 풍조를 낳았다.
2. 부녀자가 예장(禮裝)할 때에 큰머리 위에 덮어 쓰는 검은 천인데, 차액(遮額)이라고도 한다.
"(궁궐에 있는) 내의원(內醫院) 의녀(醫女)들이 흑단가리마(黑緞加里麼)

를 했으며, 나머지 여인들은 흑포(黑布)를 써서 머리를 덮었다. '가리마' 라는 것은 우리말로 덮개를 가리킨다." -≪경도잡지(京都雜誌)≫ 풍속 <성기(聲伎)>조
"(가리마의) 모양이 편지봉투 같은데 큰머리를 덮었다. 각 궁방의 무수리·의녀·침선비(針線婢)와 각 영읍(營邑)의 기녀들이 머리 위에다 가리마(加里亇)를 써서 등급과 위엄을 표시하였다. 내의원의 의녀는 비단을 썼으며, 나머지 여인들은 삼승 흑포를 썼다."
이마로부터 정수리까지의 머리털을 양쪽으로 갈라붙인 금을 우리말로 '가르마'라고 하는데, '가리마'와는 다른 말이다. 우리말 '가리마'를 몇 가지 한자의 음을 빌어서 기록하였다.

12.

장에는 <후정화>¹가 있고
편에는 <금강산>이 있지요.
내 어찌 계대(桂隊)²의 여인이 되랴
일찍이 해혼이 돌아오지 않았네.

十二

章有後庭花, 篇有金剛山.
儂豈桂隊女, 不曾解魂還.

■

1. ≪악부시집≫에 실린 청상곡(淸商曲) 오성가곡(吳聲歌曲)의 이름이다.
 "진(陳)나라 후주(後主)가 청악(淸樂) 가운데 <황려류(黃驪留)>·<옥수후정화(玉樹後庭花)>·<금채양빈수(金釵兩鬢垂)> 등의 곡을 짓고, 총신들과 더불어 그 가사를 지었는데, 매우 아름다우면서도 지나치게 경박하였다. 남녀가 어울려 불렀는데, 그 소리가 매우 슬펐다."-≪수서(隋書)≫ <악지(樂志)>
 진나라 후주는 정사는 돌보지 않고 슬프고 처량한 노래만 부르며 주색을 즐기다가, 결국 나라를 잃었다. 그뒤 <후정화>는 사패(詞牌)·곡패(曲牌)·극곡(劇曲)으로도 계속 지어졌다.
2. 계대와 해혼의 뜻이 확실치 않다.

69

13.

작은 한량은 돈이나 중히 여기고
큰 한량도 청수피나 줄 정도지요.
요즘 기생집 드나드는 무리들 치고
맑은 풍도로 사귈 이가 누구 있겠어요.

十三

小俠保重金, 大俠靑綉皮.
近日花房牌, 通淸更有誰.

14.

내가 사당[1]노래를 부르자
거사님들이 시주하네.[2]
노래소리 들리는 곳마다
나무아미타불.[3]

十四

儂作社堂歌, 施主盡居士.
唱到聲轉處, 那無我愛美.

■
1. 우리 나라 남쪽에 무당 비슷하면서 무당도 아니고, 광대 비슷하면서 광대도 아니며, 거지 비슷하면서 거지도 아닌 자들이 있는데, 무리를 지어 다니며 음란한 짓을 한다. 손에 부채 하나를 들고 장을 만나면 노름을 하며 문에 서서 노래를 불러 사람들에게서 의식(衣食)을 얻는데, 이들을 우리말로 사당(社黨)이라고 한다. 그 우두머리를 거사(居士)라고 부르는데, 거사는 작은 북을 치면서 염불을 한다. -이옥 ≪봉성문여≫ <사당>
2. 서산대사를 비롯한 불교 종단에서는 민간에 염불과 화청(和請·노래)을 권장했다. 그래서 장엄한 의식을 민간에 널리 발전시켰지만, 한편으로는 가난해진 사찰들이 많은 불사를 위해서 염불과 화청을 중심한 걸립패(建立牌·일종의 유랑연예단)를 조직하여 대중에게 보시를 권하게 하였다. 이런 과정에서 불교의 노래들이 불교계를 떠나 민속가요로 발전하기도 하였다.
3. 나무아미(南無阿彌)를 나무아애미(那無我愛美)라고 썼는데, "어찌 내가 미인을 사랑하지 못하랴"는 뜻으로 장난삼아 표기한 것이다.

15.

술상엔 탕평채[1]가 가득 쌓이고
술자리는 방문주[2]에 흠뻑 취했건만,
곳곳에서 가난한 선비 아내들은
밥 한 술 입으로 넣질 못하네.

十五

盤堆蕩平菜, 席醉方文酒.
幾處貧士妻, 鐺飯不入口.

■

1. 탕평(蕩平)이란 ≪서경≫ <홍범>조의 "탕탕평평(蕩蕩平平)"에서 나온 말인데, 어느 한쪽 편에도 치우치지 않음을 가리키는 말이다. 영조는 즉위하기 전부터 노론과 소론의 당쟁을 뼈 아프게 경험하였으므로, 양반 계급의 세력 균형을 위하여 1725년에 당쟁의 폐해와 탕평의 정신을 하교하였다. 1730년에는 노론의 영수 민진원과 소론의 영수 이광좌를 불러들여 서로 화목하기를 권하였다. 탕평책에 반대하는 호조참의 이병태와 설서 유최기 등을 쫓아내고, 노론 홍치중을 영의정에, 소론 조문명을 우의정에 임명하여 노론과 소론을 아울러 등용하였으며, 유생들에게도 당론을 금하게 하였다. 1742년에는 성균관 입구에 탕평비(蕩平碑)를 세워 학생들에게 불편부당한 군자의 도를 익히게 하였다. 영조의 뒤를 이어 즉위한 정조도 선왕의 탕평책을 이어받아, 자신의 침실을 탕탕평평실이라 이름짓고 당론의 조화를 이루기에 힘썼다.
탕평채는 녹두묵 버무림인데, 녹두묵 한 모에다 쇠고기 100g, 숙주 100g, 미나리 1단, 김 1장, 달걀 1개와 간장·식초·설탕을 조금 넣어서 만든다. 사색 재료를 버무렸다고 해서 탕평채라고 부르는데, 삼짇날 절식이기도 하다. 탕평책을 논하는 자리에서 이 음식을 처음 만들어 먹었으므로 '탕평채'라고 했다고도 한다.

이 시는 그럼에도 불구하고 탕평채가 부잣집 술상에서나 안주로 쓰일 뿐이지, 당쟁의 피해자인 선비들은 탕평책의 혜택을 입지 못하고 여전히 가난에 찌들어 사는 모습을 보여 준다.

2. 백하주(白霞酒)를 속칭 방문주라고 한다. 백미 한 말을 백 번이나 씻어 가루를 만들어 그릇에 담고, 물 세 병을 팔팔 끓을 때 붓고 식기를 기다린다. 식은 뒤에 누룩가루 1되 가웃, 밀가루 1되 가웃, 술밑[腐末] 1되를 골고루 섞어 독에 넣는다. 3일 만에(원주: 한 방법에는 익기까지 사나흘 기다린다고 하였다) 또 멥쌀 2말을 백 번 씻어 쪄서 끓는 물 여섯 병으로 버무려, 식은 뒤에 밑술[本釀]에다 누룩가루 1되를 섞어 놓는다. 칠팔 일이 지나면 익게 되는데, 종이 심지에 불을 당겨 독 안에 넣어 보아서 익었는지 안 익었는지 알아 본다. 익었으면 불이 꺼지지 않고, 덜 익었으면 꺼진다. 이뒤에 다른 물을 더 치면 안 된다. 맛좋은 술[旨酒]을 빚으려면 물을 탈 때에 1말에 2병 반까지 치고, 술이 많게 하려면 술통에 뜰 때에 정화수 2병을 더 치고 섞는다. -홍만선 ≪산림경제(山林經濟)≫ 권2 (≪고사촬요≫에서 인용하여 지은 글이다).

비조(悱調) - 이옥

* '아(雅)'는 원망하면서도 슬퍼하지 않지만, '비(悱)'는 원망이 너무 심한 것을 말한다. 대개 세상의 인정이 아(雅)에서 한번 떨어지면 염(艶)에 이르는데, 염(艶)은 그 기운이 반드시 탕(宕)으로 흐르게 된다. 세상에 이미 탕(宕)에 떨어진 자는 또한 반드시 원망하게 되고, 만약 원망하게 되면 반드시 심해진다. 이것이 바로 비조(悱調)를 짓는 까닭이다. 비(悱)는 그 방탕한 생활을 슬퍼한 것이니, 이 또한 어지러움이 끝까지 이르면 다스려지기를 생각하는 법이므로 다시 (아로) 돌아가려는 뜻을 구한 것이다.

1.

가난한 집 계집종이 될망정
아전의 아내는 되지 말아요.
순라[1] 시작할 무렵 돌아왔다간
파루[2]가 치자마자 되돌아가네.

寧爲寒家婢, 莫作吏胥婦.
纔歸巡邏頭, 旋去破漏後.

∎

1. 밤에 도둑과 화재를 경계하기 위해 도성 내외 및 왕궁 바깥을 순시하던 군인이다. 통금을 위반한 자는 경수소(警守所)에 가뒀다가 이튿날 처벌했는데, 위반한 시간에 따라 곤장 10대, 20대, 30대를 때렸다. 처음에는 순청(巡廳)이 있어 오위(五衛)의 위장(衛將)이 군사 10인을 인솔하고 순찰했지만, 오위가 오군영으로 개편된 뒤에는 훈련도감·어영청·금위영, 포도청의 군인들을 조직해 초경부터 5경까지 번갈아 순시했다.
2. 조선시대에 도성 안의 통행 금지를 알리기 위해 종 치던 것이 인정(人定)이고, 해제를 알리기 위해 종 치던 것이 파루이다. 종루(보신각)에 물시계와 함께 큰 종을 걸어 놓고 밤 10시에 28번 치면 도성의 문이 닫히며 통금이 시작되었다. 새벽 4시에 종을 33번 치면 통금이 해제되며 성문이 열렸고, 하루 일과가 시작되었다.

2.

아전의 아내가 될망정
군졸의 아내는 되지 말아요.
일 년 삼백 일 동안
백 일이 독수공방이랍니다.

二

寧爲吏胥婦, 莫作軍士妻.
一年三百日, 百日是空閨.

3.

군졸의 아내가 될망정
역관[1]의 아내는 되지 말아요.
옷상자에는 능라비단 옷이 많지만[2]
오랜 이별을 어찌 견디겠어요.[3]

三

寧爲軍士妻, 莫作譯官婦.
篋裏綾羅衣, 那抵別離久.

■
1. 중국이나 일본에 사신을 보낼 때에 따라가서 통역하던 기술직 벼슬인데, 역과(譯科)에 응시해 합격한 중인들을 채용하였다. 사역원(司譯院) 소속의 역관이 모두 600여 명인데, 실제 임명될 수 있는 자리는 녹관(祿官)·군함(軍啣)의 체아직(遞兒職) 43명과 지방의 교수 4명, 훈도 10명뿐이었다. 임시직인 체아직의 임기는 6개월이었으므로, 많은 합격자들을 돌아가면서 임명해 외국에 보냈다. 이상적 같은 역관은 청나라 문인들에게 인정 받아 12차례나 중국을 다녀왔다.
2. 당시에는 외국과 개인적인 무역이 금지되었고, 사신 일행에게만 무역할 수 있는 권한을 주었다. 외국에 다녀오는 비용이 많이 들었으므로, 장사해서 큰 이익을 남기도록 허락해 주었던 것이다. 역관에게는 여덟 꾸러미의 짐을 가져가도록 허락했는데, 팔포정액(八包定額)에 해당되는 은화는 2,000냥이었다. 당시의 쌀로 환산하면 1,333석 5두이다. 역관 외에 삼사(三使)와 군관들까지 합하면 사신 일행의 정원이 35명인데 당상관은 정액이 3,000냥이었으므로, 사신들이 중국을 한 차례 다녀오면 46,333석이나 되는 무역이 합법적으로 이루어졌다. 역관들은 2,000냥 정도를 가지고 가서 중국의 골동품이나 사치품·비단·책 등을 사와, 사대부들에게 비싼 값으로 팔아 부자가 되었다.
3. 역관은 중국과 일본에 가는 사신을 따라 몇 달씩이나 먼 길을 가고 오기 때문에, 일 년에 반은 떨어져 살아야 했다.

4.

역관의 아내가 될망정
장사꾼 아내는 되지 말아요.
반 년 만에 호남에서 돌아왔다가
오늘 아침 또다시 관서로 가네.

四

寧爲譯官婦, 莫作商賈妻.
半載湖南歸, 今朝又關西.

5.

장사꾼의 아내가 될망정
난봉꾼의 아내는 되지 말아요.
밤마다 어딜 다녀와서는
오늘 아침 또다시 술을 시키네.

五

寧爲商賈妻, 莫作蕩子婦.
夜每何處去, 今朝又使酒.

6.

당신을 그래도 사내라고[1]
여자가 몸을 맡겼는데,
날 어여삐 보지 못할망정
어쩌자고 날 구박하시나요.

六

謂君似羅海, 女子是托身.
縱不可憐我, 如何虐我頻.

■

1. 사나이를 사나해(似羅海)라고 썼는데, 바다같이 넓다는 뜻도 함께 지녔다.

7.

삼 승 명주베로[1] 새 버선을 만들며
바느질하다 보니 너무 헐거워졌네.
상자 속에 종이 본이 있는데
왜 크기를 맞춰 보지 않았나.

七

三升新襪子, 縫成轉嫌寬.
箱中有紙本, 何不照憑看.

■

1. 옷감은 날줄과 씨줄을 차례로 엮어서 짜는데, 그 날의 촘촘한 정도를 따질 때에 '새[升]'라는 말을 썼다. 한 새는 바디의 실구멍이 40개로 짜여지는 것을 말하는데, 한 구멍에는 두 가닥의 실이 든다. 명주는 보름새(15승·실 1,200가닥) 짜리가 가장 좋고, 삼베는 보통 넉 새 내지 여섯 새로 짠다. 삼베는 하루에 보통 스무 자 한 필을 짠다.

8.

내가 빗질을 하는 사이에
옥비녀를 훔쳐 갔네.
내게 두어야 쓸 데는 없지만
누구에게 주려는지 알 수가 없네.[1]

八

間我梳頭時, 偸得玉簪兒.
留固無用我, 不識贈者誰.

---

1. 정금 명월주로 노리개를 만들어
   그대 허리에 매어 드립니다.
   길가에 버리는 건 아깝지 않지만
   새 여자 허리띠에는 매어 주지 마셔요.
   精金明月珠, 贈君爲雜佩.
   不惜棄道傍, 莫結新人帶. -허난설헌 <잡시(雜詩) 3>

9.

국그릇 밥그릇을 마구 잡더니
나를 쏘아보며 문밖으로 집어던지네.
당신 입맛이 변했기 때문이지
내 솜씨가 예전과 어찌 다르랴.

九

亂提羹與飯, 照我面門擲.
自是郎變味, 妾手豈異昔.

10.

순라꾼들이 아직도 흩어지지 않아
서방님은 달이 질 무렵에야 돌아오겠지.
먼저 잠자면 성을 낼 테고
자지 않고 있어도 의심할 테지.

十

巡邏今散未, 郎歸月落時.
先睡必生怒, 不寐亦有疑.

11.

서방님이 긴 다리를 뻗어
이유도 없이 나를 찼네.
붉은 뺨에 멍 들었으니
시아버지께 뭐라고 하나?

十一

使盡闌干脚, 無端蹴踘儂.
紅頰生靑後, 何辭答尊公.

12.

예전에는 아들이 없다고 한탄했는데
무자식이 도리어 상팔자일세.
아들마저 제 아비를 닮았다면
남은 생애도 또 이렇게 눈물만 흘리겠지.

十二

早恨無子久, 無子反喜事.
子若渠父肖, 殘年又此淚.

13.

영판사에게[1] 물었더니
올해에 앉은 삼재가[2] 끼었다기에,
도화서[3]에 돈을 보내어
큰 매 그림을[4] 구해 왔네.

十三

丁寧靈判事, 說是坐三災.
送錢圖畵署, 另購大鷹來.

■

1. 현저하게 영검하여 길흉을 잘 맞춰내는 사람을 '영판(靈判)'이라 하였다.
2. 사람에게 닥치는 세 가지 재해(災害)인데, 도병재(刀兵災)·질역재(疾疫災)·기근재(饑饉災)와 수재·화재·풍재(風災)가 있다. 사람에게 드는 삼재년(三災年)은 해마다 누구에게나 드는 것이 아니라, 십이지(十二支)로 따져서 든다. 예를 들어서 사(巳)·유(酉)·축(丑)이 든 해에 태어난 사람은 해(亥)·자(子)·축(丑)이 든 해에 삼재가 든다. 따라서 9년마다 주기적으로 삼재가 든 해를 맞게 되는데, 삼재운이 든 첫해를 '들 삼재', 둘째 해를 '앉은(누울) 삼재', 셋째 해를 '날 삼재'라고 한다. '들 삼재'가 가장 불길한 삼재년이다.
3. 조선시대에 그림 그리는 일을 맡기 위해 설치한 관청이다. 도화서에는 정직(正職)으로서 제조 1인과 종6품 별제 2인, 잡직으로서 화원 20인이 있었으며, 예조에 소속된 관사(官司)로서 화학생도(畵學生徒) 15명이 정원으로 더 있었다. 화원(畵員)을 취재(取才)할 때에는 죽(竹)·산수·인물·영모(翎毛)·화초 등을 시험 과목으로 하고, 이 가운데 두 가지를 시험하였다. 화원은 천한 공장(工匠)과 같이 취급받아, 아무리 그림

을 잘 그려도 책임자인 종6품 별제에 오르기 힘들었다. 그림을 잘 아는 사대부가 그 자리를 맡았다. 조선 후기에는 화원의 수요가 늘어나, 1746년에 간행된 ≪속대전≫에선 화학생도가 30명이나 되었고, ≪대전통편≫에서도 화원이 30명으로 늘어났다. 도화서 청사는 한성부 중부 견평방(지금의 종로구 견지동 또는 공평동)에 있었다.
4. ≪동국세시기(東國歲時記)≫에서는 삼재를 막기 위한 예방책으로 세 마리 매를 그려서 방문 위에 붙인다고 하였다. 요즘은 머리가 셋이고 몸뚱이가 하나인 매를 붉은 물감으로 그려서 방문 위에 붙인다. <삼재부(三災符)>라는 이름 아래는 "세 머리에 발 하나인 매가/ 삼재 귀신을 쪼아 없애네[三頭一足鷹, 啄盡三災鬼]"라고 붉은 글씨로 쓴다.

14.

느티나무 우물에서 밤에 물 긷다 보니
갑자기 내 자신이 서글퍼지네.
내 한 몸이야 비록 즐겁다지만
대청에 시부모님이 계시기 때문이라네.

十四

夜汲槐下井, 輒自念悲苦.
一身雖可樂, 堂上有公姥.

15.

하루에 삼천 번이나 만나도
그때마다 반드시 화를 내시네.
발뒤꿈치가 달걀처럼 동그랗다고[1]
그것 보고도 또다시 욕을 해대네.

十五

一日三千逢, 三千必盡嚇.
足趾鷄子圓, 猶應此亦罵.

---

1. "며느리가 미우면 발뒤꿈치가 달걀 같다"는 속담이 있다. 흠잡을 것이 없으면 억지로라도 허물을 만든다는 뜻이다.

16.

시집올 때 입었던 다홍 치마를
잘 간직했다 수의로 만들려 했죠.[1]
서방님 노름빚을 갚아야 해서
오늘 아침 울면서 팔고 왔지요.

十六

嫁時倩紅帬, 留欲作壽衣.
爲郞鬪箋債, 今朝淚賣歸.

---

1. 지금 세상의 부녀자 옷은 저고리가 너무 짧고 좁으며, 치마는 너무 길고 넓으니, 의복이 요사스럽게 되었다. 옷깃을 좁게 깎은 적삼이나 목을 팽팽하게 붙인 치마도 요사스럽다. 옛날 여자 옷은 품을 넉넉하게 만들었기 때문에, 시집올 때 입었던 옷을 소렴 때 (수의로) 쓸 수 있었다. 산 사람, 죽은 사람, 늙은 사람, 젊은 사람의 체격이 같지 않(았지만 여러 용도로 쓸 수 있었)으니, (옛날에는) 그 옷이 좁지 않았음을 알 수 있다. -이덕무 ≪청장관전서≫

황주염곡(黃州艶曲) - 허균

∎

* 허균(1569-1618)이 1599년 5월 25일에 황해도사(종5품)로 임명되어 황주로 왔다가 이 노래를 지었다. 아마도 민요에서 소재를 가져온 것 같은데, 이옥의 <이언>과 마찬가지로 화자(話者)를 여인으로 하여 지은 시이다. 각기 다른 사연을 지닌 노래들이지만, 남녀 사이에 얽힌 애정시라는 점은 똑같다. 사신을 따라 중국에 가서 비단을 사오던 장사꾼이 황주의 기생에게 탕진하는 내용도 있는데, 아마도 허균이 기생들에게서 이런 노래를 듣거나 이야기를 들었을 것이다. 허균은 결국 기생을 너무 많이 데리고 다닌다는 이유 때문에 사헌부의 탄핵을 받고, 12월 19일에 파직되었다.
이 시들은 허균의 문집 ≪성소부부고(惺所覆瓿藁)≫ 권1 <좌막록(佐幕錄)>에 실려 있다.

1.

위에는 산이 있어 정방산[1]이고
아래는 내가 있어 족금계[2]라오.
차라리 창기가 될망정
장사꾼 아내는 되지를 마오.

上有正方山, 下有簇錦溪.
寧作倡家婦, 莫作商人妻.

2.

장사하는 낭군이 강물 따라 떠나며
팔월이면 온다고 기약하셨지.
구월이라 중굿날도 다 지났건만
술이 익었는데도 그대 어찌 늦으시나요.

■

1. (황해도 황주목) 고을 남쪽 20리에 있다. -《신증 동국여지승람》권 41 〈황주목〉조
  정방산성: (황주목에서) 서쪽으로 30리 되는 지점에 있는데, 봉산과 경계에 있다. 밖으로는 평평하고 안으로는 험하며, 뒤로는 험준한 고개가 있고 앞으로는 큰 들판이 있다. 왼쪽으로는 동선령과 잇닿았고, 오른쪽으로는 극성을 (베개처럼) 베었는데, 가장 경치가 좋은 곳에 자리하였다. 인조 14년(1636년)에 쌓았는데, 둘레는 4,895보이다. -같은 곳.
2. 황주성 남쪽 3리 지점에 흐르는 시내이다.

商人江上去, 八月以爲期.
重陽今已過, 酒熟爾何遲.

3.

꽃이는 낮잠만 좋아하고
학이는 밤길을 걷자고 하네.
밤낮을 잇달아 돌봐야 하니
어디 가서 내 님을 만날 수 있나.

花娥耽晝睡, 鶴娥耽夜行.
相逢連晝夜, 何處見儂情.

4.

내가 쌍두련[3]을 사랑하면
낭군은 상사자[4]를 사랑하네.
시냇가로 빨래나 하러 갈까[5]
길손들이 시냇가를 지나갈 테지.

---

3. 한 줄기 연에 두 송이 꽃이 핀 것인데, 남녀의 맺어짐을 상징한다.
4. 상사자는 둥글고 붉은데, 노인들이 말하길, "옛날 어떤 사람이 변방에서 죽었는데, 그 아내가 그를 생각하며 나무 아래에서 죽었다. 그래서 상사자라고 부르게 되었다"고 한다. 이것은 한빙(韓憑)의 무덤 위에 난 상사수(相思樹)와는 다르니, 그 나무는 연리재목(連理梓木)이다. -≪본초(本草)≫ <상사자(相思子)>

儂愛雙頭蓮, 郎愛相思子.
不如去浣紗, 行人在溪水.

5.

한밤중 태허루[6]에 올라를 가서
남몰래 좋은 사내 맞으려 했지.
뜻밖에 호장 아전[7] 문득 나타나
그 누가 여기 오라 일렀느냐네.

    상사자는 홍두(紅豆)라고도 부르는 덩굴인데, 흰 꽃과 붉은 꽃이 피며, 완두콩만한 선홍빛 열매는 장식용이나 약용으로 쓴다.
    * 해롱해롱 황해롱아
      임 죽은 지 삼 년 만에
      무덤 앞에 꽃이 폈네.
      그 꽃 이름 무엇인가
      임을 그려 상사화(相思花)라.
      꽃은 있어 피건마는
      임은 가고 아니오네.
      내가 죽고 제가 살면
      꿈에라도 다니리라. -이천지방 <상사요(相思謠)>
5. <완계사(浣溪沙)>는 사(詞)에서 많이 지어지는 제목이기도 하다.
6. (명나라) 허영양(許穎陽)이 우리 나라에 사신으로 왔다가, 광원루(廣遠樓)의 이름을 태허루라고 고쳤다. (원주)
   광원루는 황주목 객사 동쪽에 있다. 명나라 사신 일행이 서울에 오고가다가 많이 들러서 시를 지었던 곳인데, 뒷날 황주목사 최세절이 다시 지었다.
7. 상존(上尊)은 바로 호장 아전의 이름이다. (원주)

夜登太虛樓, 潛邀好門子.
却有上尊來, 誰人敎至此.

6.

촉땅의 성도 비단 눈이 부셔서
꽃 사이로 나비들이 날아다니네.
하룻밤을 함께 잔 선물로 받아
춤출 때 입는 옷을 만들었다오.

璀璨成都錦, 花間蛺蝶飛.
與儂償一宿, 裁作舞時衣.

7.

사신 행차 해마다 가고 또 오니
님을 만나 쌓인 회포 더욱 길어라.
오는 길에 평양 기생만 없었더라면
비단필이 상자에 가득 찼겠지.

節使年年返, 逢郞意更長.
若無平壤妓, 紈素可盈箱.

8.

한밤중에 창문 넘어 들어갔더니
명주이불 향기가 짙게 스미네.
그대 부디 오리를 때리지 마오
오리를 때리다가 원앙 놀랄라.

半夜踰窓入, 黃紬濃宿香.
勸君莫打鴨, 打鴨驚鴛鴦.

고염잡곡(古艷雜曲) 13편 - 최성대

■

* 중국에서 염곡(艷曲)은 염려(艷麗)한 노래 곧 연가(戀歌)나 정가(情歌)를 가리켰다. 고염곡(古艷曲)에는 <북리(北里)>·<미미(靡靡)>·<격초(激楚)>·<양하(陽河)>의 곡이 있었다고 하는데, 지금 그 가사는 전하지 않고 있다. 그러나 이 곡들이 남조(南朝)의 민가(民歌)에서 발생한 것으로 그 음악과 내용이 남녀의 애정에 관한 음성(淫聲)이었으리라고 추측되고 있다.
남조의 민가(民歌)를 연상케 하는 <고염곡>이라는 시제(詩題)를 통해서 볼 때, 이 작품은 (고악부를 흉내낸) 의고악부(擬古樂府)에 해당된다고 하겠다. 실제상으로 가창할 수 없는 것이 사실이지만, 악부제(樂府題)를 취하고 있는 것 자체가 악곡성(樂曲性)을 연상케 하고 있다. 악부는 민간에서 나와 언어가 소박하고 조식이 없었다. 최성대는 이 점에서 악부제를 선택하게 된 것이다. -강혜선 <최성대의 고염잡곡 13편 연구>

1.

낭군께선 덤불이[1] 되고
나는 인동초가 되어,
꽃과 꽃이 절로 얽히고
잎과 잎이 절로 기대게 살아요.

歡爲樸樕林, 儂作忍冬花.
花花自糾結, 葉葉自偎斜.

■

1. 박속(樸樕)은 빽빽하게 들어선 잔나무나 덤불인데, ≪시경≫에서 젊은 남자가 처녀에게 사랑의 선물을 주는 시에 나온다.
    들판에서 잡은 노루 고기를
    흰 띠풀로 싸서 주며,
    봄물이 오른 아가씨에게
    멋진 총각이 꾀었네.
    野有死麕, 白茅包之.
    有女懷春, 吉士誘之.

    숲속의 잔나무 베고
    들판에서 사슴을 잡아,
    흰 띠풀로 싸매 주니
    아가씨 옥처럼 아름다워라.
    林有樸樕, 野有死鹿.
    白茅純束, 有女如玉.

    천천히 가만가만
    내 앞치마 건드리지 마셔요.
    삽살개 짖지 않게 하셔요.
    舒而脫脫兮, 無感我帨兮, 無使尨也吠. -≪詩經≫ <野有死麕>

2.

동비녀에다 소매도 좁은
나는야 촌 아가씨.
강남에선 금비녀를 사서 꽂는다지만
유행하는 치장은 하지 않아요.

銅釵與窄袖, 儂是村婆娘.
江南買金鈿, 不用時世粧.

3.

어려서 어머니 사랑을 받았는데
나를 패성 나그네에게 시집보내신다네.
패성이 먼 것은 반갑지 않지만
강물이 푸른 것만은 그저 좋아라.

少小被娘憐, 嫁儂浿城客.
不喜浿城遠, 但愛江水綠.

4.

검은 머리에 쌍금비녀 하고
복숭아빛 소매에 비단신 신었네.

그대 따라 나물 뜯으러 가니[2]
어머니 꾸중 두렵기도 잠깐이라네.

鴉鬟兩金釵, 桃袖雙絲履.
隨君拾草去, 暫恐娘母詈.

5.

계모는 자기 딸만[3] 좋아하고
큰 언니는 외로운 총각을[4] 좋아해.
아버지는 계모 말만 들으니
네 슬픔을 어찌 말이나 꺼내랴.

---

2. 나물 캐는 노래는 민요뿐만 아니라 ≪시경≫에서도 대부분 사랑의 노래이다.
 저 남산에 올라
 고사리를 캤네.
 당신을 못 보았을 적엔
 내 마음 어수선터니,
 당신을 보고 나자
 당신을 만나고 나자
 내 마음 기뻐지네.
 陟彼南山, 言采其蕨.
 未見君子, 憂心惙惙.
 亦旣見止, 亦旣覯止, 我心則夷. -≪詩經≫ <草蟲>

晩孃愛豆娘, 大姉好孤悢.
爺聽晩孃言, 女悲那敢題.

6.

하늘에 흰 꽃이 피고
개 귀에 숨은 이를 찾네.
그대는 크게 총명하고
나는 지혜로워라.

天上白花開, 狗耳尋幽蝨.
歡性大聰明, 是儂智慧術.

7.

머리를 돌리자 언니가 말했네.
"나는 이제 어디로 시집가야 하지?
맛둥이[5] 편지를 보내며
금수레를 어찌 네게 보내랴 했으니."

回頭阿妹語, 儂今定何許.
薯童寄信來, 金輿那到汝.

8.

나는 괭이밥을 씹고[6]
낭군께서는 조랑말을[7] 탔네.
가고 또 가서 시댁에 이르자
시부모님 절 받으며 치하하셨네.

儂食酢漿草, 郎騎果下馬.
行行到君家, 受拜翁姥賀.

3. 두랑(豆娘)은 두낭자(豆娘子)와 같은 말이다. 원래는 작은 잠자리를 가리키지만, 여기서는 머리를 땋아 그 끝에 댕기를 드린 어린 소녀를 가리킨다.
4. 고서(孤恓)는 《수허전》이나 《재생연(再生緣)》 같은 소설에 나오는 말인데, 적막하고 처량한 신세를 형용한다. 여기서는 가족도 없이 머슴처럼 떠도는 떠꺼머리 총각이나 홀아비를 뜻하는 듯하다.
5. 《삼국유사》〈무왕(武王)〉조에 나오는 주인공 서동(薯童)이다. 맛둥이 선화공주를 얻기 위해 동요를 퍼뜨린 것처럼 동네 떠꺼머리 총각이 연애편지를 보냈으므로, 우리 나라 옛이야기 속에서 서동의 이름을 끌어낸 것이다. 아마도 집안에서 혼처를 정한 패성 나그네는 부자인 듯하지만, 동네에서 함께 나물 캐러 다니던 맛둥은 가난한 떠꺼머리 총각인 듯하다. 그래서 "(패성 나그네처럼) 금수레를 어찌 보내랴"하고 걱정어린 편지를 보냈을 것이다.
6. 마음에도 없는 패성 나그네에게 시집가는 자신의 심정을 표현하였다.
7. 원문의 과하마는 키가 작은 조랑말이다. 이 말을 타고서 과일나무 밑으로 지나갈 수 있다는 뜻인데, 고구려와 예·맥에서 났다고 한다.

9.

낭군은 참으로 심성이 나빠
나를 문 밖에도 못 나가게 하네.
얼핏 아는 사람을 만나도
고개나 숙일 뿐이지 어찌 말을 건네랴.

郎定惡心性, 敎儂不出門.
暫逢相識人, 低頭那敢言.

10.

어제 치맛자락을 적시며[8] 나갔다가
밤길이라 돌아오기 조금 늦었지요.
대청에 올라서 등불을 켜는데
서방님이 벌써 의심을 하더군요.

昨日濺裙去, 冒闇歸暫遲.
上堂執華橙, 郎遞已生疑.

---

8. 아는 사람도 없는 평양 시집에서 남편에게 서글픈 일을 당해 집을 뛰쳐나간 듯하다. 치맛자락을 눈물에 적셨다는 뜻도 되고, 이슬에 적셨다는 뜻도 된다. 천군(濺裙)을 전군(餞君)으로 고치면 "어제 당신을 보내고 나서"가 되어, 남편 몰래 새서방을 만난다는 뜻으로 바뀐다.

11.

당신은 보지 못했나요
연꽃이 물 속 진흙에서 피어 난다는 것을.
나는 낭군에게 어떤 물건인가요.
인생 백 년을 어떻게 하면 바꿀 수 있나요.

不見芙蓉花, 長在水中泥.
儂是郎許物, 百年那得移.

12.

강남의 풀이 묶을 만큼 자라자
낭군께서 벼슬을 얻어 떠나네.
아가위야 베어 버리면 그만이듯이[9]
벼슬아치 되었다고 옷자락 떨치며 가네.

---

9. 무성한 저 아가위나무
베지도 말고 치지도 말라.
소백님이 머무셨던 곳이라네.
蔽芾甘棠, 勿翦勿伐, 召伯所茇. -《詩經》〈甘棠〉
《시경》〈감당〉에서는 소백이 쉬던 아가위나무를 베지 말고 잘 보전하여 그의 덕을 기리자고 했지만, 이 시에서는 자기를 헌신적으로 받들던 아내를 내버리고 떠나는 남편의 배신 행위를 비유하기 위해 아가위나무를 끌어와 썼다.

江南草堽結, 夫壻作官去.
野棠若可剪, 作官舞衣袪.

13.

사흘 동안 고생도 마다않고
한 뜸 한 뜸 떠가며 겹옷을 지었네.
옷이 다 되어 낭군께 입혀 드리자
낭군은 두 마리 나비가 되었네.

三日不辭勞, 窄窄製雙裌.
衣成着向君, 化作雙蝴蝶

상랑전(尙娘傳) - 이옥

상랑전

전(傳)에 이르기를,
"충신은 두 임금을 섬기지 않고, 열녀는 두 지아비를 바꾸지 않는다."[1]
고 하였다. 옛날 위(衛)나라 공백(共伯)의 아내 강씨(姜氏)가 일찍 과부가 되었는데, 그 어머니가 (다시) 시집보내려 하였다. 그러자 강씨가 <백주시(柏舟詩)>를 지어 (다시는 시집가지 않겠다고) 스스로 맹세하였다. 그 시는 이렇다.

저 잣나무 배 두둥실
황하 가운데 떠있네.
더펄머리 양쪽 늘어진 그이가
정말 내 남편,
죽어도 다른 마음 안 가지리라.
어머니는 하늘이건만
어찌 내 마음을 몰라주나요.
저 잣나무 배 두둥실

■

1. ≪소학≫에 실려 있는데, 제나라 충신 왕촉(王蠋)이 한 말이다. 연나라가 제나라를 쳤을 때에 낙의(樂毅)가 그를 회유하려고 예를 갖춰 불렀지만 그는 가지 않았다. 연나라 군사들이 협박하자, 그는 이 말을 남기고 자살하였다. 그러자 제나라 사대부들이 분발하여 다시 임금을 세우고 나라를 회복하였다. 낙의는 그의 무덤에다 비석을 세우고 물러갔다. 왕촉의 이야기는 ≪사기≫나 ≪한서≫에도 나온다.

황하 가녘에 떠있네.
더펄머리 양쪽 늘어진 그이가
정말 내 남편,
죽어도 나쁜 마음 안 가지리라.
어머니는 하늘이건만
어찌 내 마음 몰라주나요.[2]

공자가 노나라로 돌아와 ≪시경≫을 편집할 때에 이 시를 가져다 패풍(邶風)의 가장 앞머리에다 두었다.
청화외사(靑華外史)는 이렇게 생각한다.
"역사에서 '조선은 예의를 숭상하고 그 풍속이 정결(貞潔)을 좋아하여, 절개를 지키다 죽는 여자들이 많다'고 하는데, 영남의 상랑(尙娘) 박씨 같은 자가 바로 그 사람이 아니겠는가."
상랑 박씨 열녀는 영남의 상주 사람이다. 시집갈 나이가 되자 선산 최씨 집안으로 시집갔다. 최씨의 아들은 어리고도 포악해서, 상랑을 받아들이지 못했다. 상랑은 현명해서 곧 친정으로 돌아갔는데, 계모가 형제들과 의논해서 (절개를 지키려는) 그의 뜻을 빼앗으려 하였다. 상랑이 그 음모를 깨닫고 지름길로 해서 (남편) 최씨에게 돌아갔는데, 최씨는 아직까지도 뉘우치지 않았다. 오히려 시부모와 함께 문 앞을 막아섰다. 최씨는 자기를 받아줄 곳이 없는 것을 알고, 강물에 빠져 죽을 생각으로 낙동강에 갔다. 최씨의 이웃에 아직 시집가지 않은 처녀가 있었는데,

나무하러 가다가 상랑을 만났다. 그가 물었다.
"최씨네 새댁이 어찌 이곳에 오셨나요?"
상랑이 그 사연을 모두 말하고는, 울면서 말했다.
"네가 (여기) 온 것도 하늘이 시킨 일이니, 내 죽은 사연을 분명히 전해 주면 고맙겠다."
덧머리를 풀고 신을 벗어 증거를 삼고는, <산유화>[3] 한 가락을 부른 뒤에 탄식하였다.
"하늘은 높고
땅은 넓건만,
슬픈 내 한 몸은
갈 곳이 없구나.
天乎高, 地乎廣.
哀我一身, 莫乎往耶."
한참이나 한숨을 쉬고는 다시 일어나 탄식하였다.

2. 이 시는 ≪시경≫ 용풍(鄘風)에 실려 있다. 주나라 성왕 때에 주공이 무경과 관숙·채숙의 난을 평정한 뒤에, 아우인 강숙을 위나라에 봉하여 패·용의 땅까지 다스리게 하였다. 강숙은 조가에 도읍하여 은나라 유민들을 다스렸는데, 그의 자손 때에 이르러 패·용의 국경은 없어지고 통틀어 위나라라고 부르게 되었다. 그렇기 때문에 패·용·위의 세 나라 풍은 모두 위풍(衛風)이라고 부를 수도 있다. 이 시도 위나라 공백의 아내 강씨가 지었다고 하지만 용풍에 실려 있으며, 패풍(邶風)에도 같은 제목의 다른 시가 실려 있다.
이옥의 <상랑전>에는 위의 <백주시> 가운데 두 번째 절만 실렸으며, 끝의 두 줄이 빠져 있다.
3. <산유화>는 민요의 하나이다. 원래는 백제의 옛노래였는데, 소리만 있고 가사는 전하지 않았다고 한다. 이 <산유화> 곡에다 향랑이 가사를 붙여서 불러 이 노래가 유행되었다.

"지아비가 나를 받아 주지 않고
어머님께서도 다른 생각이시니,
내 마음이 슬프구나
죽지 않고 어찌하랴.
夫子不予, 母氏有他.
余心之悲, 無死而何."

그리고는 치마를 뒤집어 머리에 쓰고, 강물에 뛰어내렸다. 최씨네 이웃 여자가 최씨에게 가서 (상랑이 강물에 몸을 던져 죽었다고) 알리면서 그가 남긴 말을 전했다. 그러자 최씨가 크게 놀랐다. 박씨(상랑)의 어머니와 형제들도 그제서야 슬퍼하며 모두 그를 가엾게 여겼다. 낙동강가에 가서 그(의 시체)를 찾았는데, 강가에는 고려 충신비가 있었다.

청화외사는 이렇게 생각한다.

"≪곡례(曲禮)≫[4]에서는 '자식을 가르침에 있어서 말할 줄 알게 되면 여자(딸)는 네[兪]라고 하게 가르치며, 여자는 비단주머니를 차게 한다.[5] 일곱살이 되면 남녀가 자리를 같이하지 않는다.[6] 열살이 되면 밖에 나가지 않고, 여선생이 말씨를 상냥하게 쓰고, 용모를 유순하게 하며, 어른의 말에 따르도록 가르친다[7]고 하였다. 사마씨(司馬氏)의 예(禮)에서는 '여자가 일곱살이 되면 ≪효경(孝經)≫·≪논어≫·≪열녀전(列女傳)≫을 가르친다'고 하였다. 이는 모두 일찍부터 잘 가르쳐서 단정하고도 정숙한 여인이 되도록 했던 것이다. 그러나 세속의 여인 가운데는 이따

금 예법을 따르지 않는 여인도 있었으니, 저 상랑이라는 여인은 (사대부 집안의 딸들처럼 교육받지도 못한) 비천한 사람이다.

말씨를 상냥하게 하고 용모를 유순하게 하라는 가르침을 받은 적도 없었고, ≪효경≫이나 ≪논어≫·≪열녀전≫을

4. ≪예기≫ 가운데 제1편과 제2편 제목이지만, ≪예기≫를 일반적으로 ≪곡례≫라고도 한다. 이 구절도 <곡례>에 있는 것이 아니라, 제12편 <내칙(內則)>에 있다.
5. 이 구절은 원래 아들과 딸을 키우고 가르치는 법이 달라야 한다고 설명하는 부분인데, 딸에 대한 내용만 뽑아서 옮긴 것이다. 원래 ≪예기≫ <내칙>의 설명은 이렇다.
    "자식이 먹을 줄 알게 되면 오른손으로 먹도록 가르치고, 말할 줄 알게 되면 남자는 유(唯), 여자는 유(兪)라고 대답하게 가르친다. 남자는 가죽주머니를 차고, 여자는 비단주머니를 차게 가르친다."
    유(唯)나 유(兪)나 모두 "네"라는 대답인데다 소리도 비슷하지만, 유(唯)는 발음이 곧고, 유(兪)는 발음이 완곡하다. 반(鞶)은 '큰 띠'라는 뜻도 있어서 "남자에게는 가죽띠를 띠게 하고, 여자에게는 실띠를 띠게 한다"는 해석도 있다. 그러니 <내칙>에서는 '반(鞶)'자를 '수건을 넣어 두는 작은 주머니'라고 해석하는 것이 정설이다.
6. <내칙> 원문에는 "일곱살이 되면 남녀가 자리를 같이하지 않고, 밥도 같이 먹지 않는다"고 하였다. 여기서 "남녀칠세부동석(男女七歲不同席)"이란 말이 나왔다.
7. 열살까지는 남자와 여자에 대한 가르침이 함께 설명되다가, 열살부터는 남자만 먼저 설명된다. 남자가 일흔이 되어 벼슬에서 은퇴할 때까지의 몸가짐을 가르친 뒤에 여자가 열살 때부터 배울 것을 설명하는데, 남자의 경우는 첫구절부터가 여자와 다르다. "남자는 열살이 되면 집 밖으로 나가서 스승에게 찾아간다"고 하여, 집 밖에 나가지 못하고 집안에서 살림이나 배우게 했던 여자의 경우와는 전혀 다르게 가르쳤던 것이다.

배운 적도 없었다. 그러나 그가 이룬 정절은 끝내 저와 같이 뛰어났으니, 바탕이 순전한 자는 꾸미지 않고도 아름다운 것인가? ≪시경≫에서 '옥과 같은 여인[有女如玉]'이라[8] 했는데, 박씨의 딸이 바로 그런 사람이었다." -≪담정총서≫ 권10 <문무자문초(文無子文鈔)>

8. 숲속의 잔 나무 베고
   들판에서 사슴을 잡아,
   흰 띠풀로 싸매 주니
   아가씨 옥처럼 아름다워라.
   林有樸樕, 野有死鹿.
   白茅純束, 有女如玉. -≪시경≫ 소남 <야유사균(野有死麇)>

산유화(山有花)

∎

* <산유화곡(山有花曲)>은 민간의 노래이다. 단구자(丹丘子) 이평자(李平子・이안중)가 (<산유화>의 작자 향랑을 위해) 전기를 지었는데, 그 대략은 이렇다.
"향랑(香娘)은 선산(善山)의 열부(烈婦)이다. 성격이 맑고 깨끗하며, 모습도 아름다웠다. 집안도 또한 넉넉하여 여러 자 되는 산호수가 있었는데, 같은 고을의 부자 상인에게 시집갔다. 그 시어머니가 음탕하였는데, 향랑이 알고서 매우 충간하는 것을 미워하였다. 그래서 향랑에게도 함께 음탕한 짓 하기를 강요하였다. 향랑이 거절하자 집 밖으로 쫓아냈다. 그 남편도 또한 향랑을 좋아하지 않았으므로, (처가로) 찾아가지 않았다. 향랑은 친구와 함께 낙동강 주변을 헤매이면서 노래를 지어 불렀다.

산에 꽃이 피었으나
나는 홀로 집이 없다네.
그래 집 없는 이 몸이란
꽃보다도 못하다오.

또 (이렇게 지어) 불렀다.

산엔 꽃이 피었네.
그 꽃은 복사와 오얏이라네.
복사와 오얏은 섞여 피었다지만
복사나무엔 결코 오얏이 피지 않으리라.

그리고는 친구에게 부탁하였다. '길선생 지주비(砥柱碑) 아래에서 향랑이 빠져 죽었다고, 나를 위해 부모님께 말을 전해 주면 고맙겠다.' 그리고는 곧 강물에 (몸을) 던졌다."
평자(이안중)가 또 고절(古絶)을 짓자, 우리 집안 사람들이 그 시에 화답하였다. -이노원 <산유화곡> 소서(小序)

산유화 - 이안중(李安中)

1.

산에 꽃이 피었으나
나는 홀로 집이 없다네.
그래 집 없는 이 몸이란
꽃보다도 못하다오.

山有花·1

山有花. 我無家.
我無家, 不如花.

2.

산엔 꽃이 피었네.
그 꽃은 오얏과 복사라네.
복사와 오얏이 섞여 피었다지만
복사나무엔 결코 오얏이 피지 않으리라.

山有花·2

山有花. 李與桃花.
桃李雖相雜, 桃樹不開李花.

3.

오얏은 흰 꽃
복사는 붉은 꽃.
희붉은 것이 같지 않으니
떨어진들 복사꽃이 아니랴.

山有花 · 3

李白花. 桃紅花.
紅白自不同, 落亦桃花.

■

* 선산(善山) 여인 향랑이 절개를 지키려고 죽을 때에 이 곡을 짓고 죽었다. 선생이 향랑을 위해 전기도 지었는데, 그 곡이 너무 속되므로 다시 고쳤다. (원주)

산유화곡 – 이안중

1.

메꽃은 얼굴 같고 잎새는 눈썹 같은데
꽃가지 아래 다락 칠보 휘장에서 단장하네.
다락 앞에 버드나무 수없이 늘어섰건만
님께선 어찌 말고삐를 매지 않으시나.

山有花曲 · 1

山花如面葉如眉. 花下妝樓七寶帷.
無數樓前楊柳樹, 陸郎何不繫斑騅.

2.

님의 마음은 한들한들 꽃 핀 나뭇가지 같아라.
꽃은 져도 명년에 다시 가지에 가득 피겠지.
첩의 신세는 반짝반짝 나뭇가지에 붙은 잎새 같아서
한번 지면 다시는 가지에 붙을 수 없네.

■

* 이안중이 지은 <산유화>와 <산유화곡>은 이옥의 친구인 김려가 편집
  한 《담정총서》 권30 <단구자악부(丹邱子樂府)>에 실려 있다.

山有花曲 · 2

郎如裊裊開花樹, 花落明年復滿枝.
妾如灼灼著枝葉, 一落曾無更著時.

3.

낙동강 봄물은 거울보다 맑고
금오산 맑은 빛에 티끌 하나 보이지 않네.
향랑의 죽은 혼이 금오산 바위가 되지 않으면
강남의 풀이 되어 매서운 향내 풍기리라.

山有花曲 · 3

洛東春水鏡不如, 金烏山色看新掃.
娘魂不作烏山石, 應化江南蘼蕪草.

4.

강남 강북에 꽃버선 신은 아이들이
<산유화> 한 가락에 풀싸움 끝내고 돌아오네.
강언덕에는 끝없이 봄바람이 불어
지금도 꽃이 피면 향랑의 그 시절 같네.

山有花曲・4

江南江北寶襪兒．一曲春歌鬭草歸．
無限東風江上岸，至今花發似娘時．

산유화 - 이우신(李友信)

1.

둑방에 삼월이 오니 버들잎이 갈가마귀를 감추고
십 리 길 님의 집은 풀빛에 가렸네.
누군가 성 안의 쪽찐 머리 여인이
꽃 꽂고 물가에 서니 그림자가 비껴 비치네.

山有花 · 1

官堤三月柳藏鴉, 十里郎家草色遮.
何許城中高髻女, 揷花臨水影偏斜.

2.

구슬 굴레 금 채찍에 흰 코 말을 타신 님이
사흘 밤이나 잇달아 우리집에서 주무셨네.
우리집에 여섯 자 되는 산호수가 있었건만
꽃샘추위 타느라고 꽃 피기를 몰랐네.

■

* 이우신이 지은 <산유화>는 《담정총서》 권1 <죽장산고(竹莊散藁)>에
  실려 있다.

山有花·2

珠勒金鞭白鼻騧．憶郎三夜宿儂家．
儂家六尺珊瑚樹，苦畏春寒不作花．

산유화곡 - 이노원(李魯元)

1.

복사꽃 봄물이 강둑에 부풀어 오르고
둑 위에 노는 아이들은 팔을 겨루네.
금오강 위에 떠오르는 달을 보고는
서글프게 머리 숙이고 여린 띠싹만 캐네.

山有花曲 · 1

桃花春水拍長堤. 堤上游兒約臂齊.
忽見金烏江上月, 低頭惆悵採柔荑.

2.

삼월 청명절에 버들 오얏꽃 피자
비단을 끊어내어 흰 저고리를 말랐네.
님의 집은 금오강 가까이 있건만
강가에 집들이 천 하고도 또 만이나 되네.

山有花曲 · 2

三月淸明楊李花. 新裁白袷剪輕紗.
郞君住近同江上, 江上千家復萬家.

3.

낙동강 물이 삼베처럼 고운데다
강남 강북에 복사꽃이 피었네.
날 저물며 돛배들이 수없이 지나가는데
그 가운데 어느 배가 향랑의 집을 물었던가.

山有花曲 · 3

洛東江水軟如麻. 江南江北桃發花.
日暮舡檣無數過, 就中誰客問娘家.

산유화후곡 - 이노원

강가에 봄 햇살이 깁처럼 엷은데
푸른 나귀가 흰 난초를 밟고 가네.
바람 불어 꽃은 지고 난간은 비었는데
푸른 나무만 구름처럼 아침 저녁으로 보이네.

山有花後曲

江皐春日薄秋紈. 䇲䇲青驪踏素蘭.
風吹花落空欄干, 碧樹如雲朝暮看.

■

* 이노원이 지은 2편은 《담정총서》 권7 <백월당소고(柏月堂小稿)>에 실려 있다. 이안중·이우신·이노원은 이노원이 <산유화곡> 소서(小序)에서 밝힌 대로 한 집안 사람들이다.

향랑요 - 이광정(李光庭)

선산의 여자 이름이 향랑인데
농가에서 자랐지만 품성이 단정했네.
어려서부터 장난치지 않고 혼자 노닐며
사내애들 곁에는 가까이 하지 않았네.
어머니 일찍 여의고 계모가 사나워서
향랑에게 매질하고 포악하게 굴었건만,
그럴수록 공손하게 낯빛도 변치 않고
물레질 나물캐기로 늘 바구니가 가득했네.
열입곱에 임씨 아들에게 시집갔더니
신랑 나이 열네살에 성질도 불량해,
어리석고 둔해서 예의도 모르는데다
머리채 꺼들고 옷자락 찢기 일쑤였네.
어려서 철이 덜나 그러려니 여겼지만
나이 들수록 행패가 더욱 심해져,
향랑을 미워하며 매가 손에서 떠나지 않고
범처럼 날뛰니 누가 감히 말리랴.
시부모가 불쌍히 여겨 친정으로 돌려보내니
향랑은 보퉁이 들고 들어와 얼굴도 들지 못했네.
계모가 마룻장 두들기며 크게 꾸짖었지.
"너를 남에게 시집보냈는데 왜 돌아왔느냐?
아마도 네 행실이 바르지 못했겠지.
우리 살림도 넉넉치 않은데 널 거두겠느냐?"
문까지 닫아 버려 개와 같이 밥 먹었건만.
아버지는 늙어서 눌려 지내니 어쩌지 못했네.

짐 꾸려 외가로 보내니
외가 식구들이 가엾게 여기며 탄식했네.
"너는 농사꾼 자식으로 태어났으니
소박 당했으면 다른 데로 시집가야지.
사방 사람들이 네 죄 없는 것을 다 아니
꽃다운 얼굴로 어찌 헛되게 늙어 가랴."
향랑이 대답했네. "그 말은 온당치 않아요.
저는 외삼촌께 의탁할 뿐이지요.
여자가 시집갔는데 다시 갈 수 있나요.
제 마음을 진작 정했으니
쫓겨난 것도 제 팔자 기박하기 때문이지요.
죽어도 제 몸을 더럽히지 않겠어요."
아무리 타일러도 듣지 않자 화내며
여자들 으레 하는 말이거니 여겼네.
알맞은 사람 구해서 택일하고 시집보내는 날
술 거르고 양 잡아 온갖 음식 차렸네.
문 앞엔 청사굴레 말 한 필 매여 있고
붉은 소반엔 금젓가락 쌍으로 놓여 있네.
향랑이 의심나서 가만히 엿보니
외삼촌들이 바로 자기를 개가시키려 하네.
"아아, 기박한 내 운명이여.
여기 있다간 끝내 욕을 보겠구나."
몸을 빼내 옛 남편 집으로 돌아가니
사나운 성질이 변치 않아 미치광이 되었네.

시아버님 말씀 "내 자식이 경우 없으니
네가 돌아온들 무슨 소용 있으랴.
달리 좋은 신랑 만나서
추우면 입고 배고프면 먹으며 편히 사는 게 낫겠구나.
내 자식이 이미 너와 인연을 끊었으니
네가 어디로 간들 상관 않으련다."
향랑이 눈물 흘리며 시아버지께 여쭈었네.
"아버님 말씀은 뜻밖이네요.
제가 배우지 못했고 몸가짐도 모르지만
제 마음은 개가 않기로 다짐했답니다.
아버님께서 가엾게 여겨 땅 한 뙈기 주시면
움집에서 나물 먹으며 한평생 마치겠어요."
의로운 말이 처절하건만 시아버지 머리도 돌리지 않고
"우리 집안 시끄럽게 하지 말아라."
연약한 여자의 몸을 천지에 받아줄 곳이 없어
사방을 둘러보아도 갈 길이 아득해라.
치욕을 참다 보면 무엇을 덮어쓸지
생각하니 도리어 시아버님 미움만 샀네.
하늘을 바라보고 탄식하며 가슴 치노라니
구슬 같은 눈물이 비오듯 떨어지네.
며느리로 보지 않고 아내로 여기지 않는데
공연히 돌아왔다가 시아버님 미움만 샀네.
삼종지도[1] 인륜도 내게는 끊어졌으니
얼굴을 어찌 들고 이 세상에 붙어 있으랴.

아아, 이 한 몸 돌아갈 곳이 없는데
눈앞의 푸른 물결은 만고에 흐르는구나.
차라리 깨끗한 몸으로 맑은 물에 나아가
어머닐 만나 슬픈 마음을 내뱉으리라.
머리를 흩뜨리고 흐느끼며 강가로 내려가는데
단풍잎은 가을바람에 울고 갈대꽃은 조네.
강머리에서 계집아이가 나무하고 있어
데리고 와서 이름 물었더니 열두살이라네.
모래밭에 서서 마음속의 말을 다했네.
"네 집이 다행히도 우리집과 가깝구나.
나는 원통하게도 돌아갈 곳이 없단다.
이제 목숨을 버리고 맑은 물 따라 가려는데
죽은 뒤에도 명백해지지 않을까 그게 걱정이구나.
세상 사람들이야 다른 무엇이 있었다고 의심할 테지.
이제 너를 만났으니 참으로 천행이다.
너는 어려도 내 죽은 일을 말할 수 있고
너는 어려서 내 죽음을 말릴 수 없으니,
내가 조용히 죽을 수 있겠구나."
덧머리 풀고 치마 벗어서 가지런히 묶어 놓고

■

1. 부인에게는 세 가지 따라야 할 의리가 있으니, 부인 혼자서 지키는 도리는 없다. 그러므로 시집가기 전에는 아버지를 따르고, 시집간 뒤에는 지아비를 따르며, 지아비가 죽은 뒤에는 아들을 따른다. -《의례(儀禮)》 〈상복전(喪服傳)〉

우리집에 전해 달라고 은근히 부탁했네.
아버지 늙으셔서 기력도 없으신데
내 죽은 모습을 어찌 차마 보시게 하랴.
아버지 오셔도 내 몸 떠오르지 않고
황천으로 내려가서 어머니를 만나리라.
슬픈 노래 불러서 아이의 마음에 새겼네.
천지가 넓다 한들 몸 붙일 곳이 없네.
뒷날 네가 와서 이 노래 부를 적에
강물결 일어나거든 내가 듣는 줄 알거라.
뛰어들려다 멈추고서 돌아보며 웃었네.
죽기로 작정했으니 돌아볼 것이야 없지만
강물을 굽어보니 무서운 생각이 나네.
애닯다, 인생이 이 길을 겁내는구나.
소매로 얼굴 가리고 몸을 솟구쳐 뛰어내리자
지는 해는 아득한데 강물결이 성내네.
이곳 가까이 죽림사[2]가 있고

---

2. 야은(冶隱) 길재(吉再, 1353-1419)가 고려왕조에 충절을 지켜 고향땅 선산에 은거하면서, 이씨 왕조에서 불러도 나가지 않았다. 1570년에 관찰사 남재가 선산군 무을면 원리에 금오서원을 세우고 그와 김종직을 모셨으며, 1575년 선조에게서 사액(賜額)받았다. 이 서원은 대원군이 전국의 서원들을 철폐할 때에도 존속되었는데, 현재 경상북도 지정 기념문화재 제60호이다. ≪신증 대동여지승람≫ 권29 <선산도호부>조에 의하면 금오산 아래 구며리에 남재가 세운 '길재사(吉再祠)'가 있는데, 광해군 때에 '야은묘(冶隱廟)'로 이름을 바꿨다고 한다.

강가에 높은 비석 지주비[3]라네.
야은선생 그 옛날에 수양산에서 굶으시어[4]
만고의 맑은 바람이 이 땅에 전하네.
향랑은 미천한데도 의리를 알아
이곳을 골라 몸 버렸으니 어찌 그리 기특한가.
나무 하던 아이가 옷가지를 향랑 아비에게 전하자
아비가 열흘이나 통곡하며 강가를 맴돌았네.
물결 일어 흐느끼고 물새도 울건만
강가에서 불러 봐도 향랑의 혼은 아는지.
아비가 떠난 뒤에야 시신이 떠올랐는데
소매로 가린 얼굴이 생전 모습 그대롤세.
사람들이 혀 차며 영이하다고 말했지만
향랑같이 갸륵한 여인이 끝내 호소할 곳 없었네.
자랄 때엔 계모가 못되고 시집가선 남편이 흉폭했으니
이런 일을 그 누가 보고 들었으랴.
지극한 행실과 단정한 품성으로도
끝내 용납되지 못하고 죽어야만 했는가.

---

3. 낙동강가에다 길재를 기리는 비석을 세웠는데, '지주(砥柱)'라고 새겨 놓았다. 이 비를 '지주비'라고 한다.
4. 무왕이 문왕의 삼년상도 지내지 않고 은나라를 치려고 나서자, 백이 숙제가 말고삐를 잡고 충간하며 말렸다. 은나라가 망하자 백이와 숙제는 주나라 곡식을 먹지 않겠다고 수양산에 들어가 고사리를 캐먹다 굶어 죽었다. 여기서는 길재가 고려왕조에 충절을 지켜 금오산에 들어가 은거한 것을 백이 숙제가 수양산에 들어간 데다 비유한 것이다.

의열(義烈)은 사람을 궁하게 만든다고도 하지만
궁해진 뒤에야 의열이 드러난다고 생각하네.
하늘이 의로운 사람 내시어 유풍을 백세에 끼쳤으니
생전에 요행으로 굴러들기를 바라지 말게나.
금오산 낙동강은 절의의 근원이니
우뚝하고 빼어난 자취가 역사에 씌어져 있네.
사신의 수레는 북으로 갔다가 돌아오지 않았고[5]
대밭이 푸르른 곳은 오류선생의 터일세.
아직도 마을 계집아이들은 밤이면 안방문을 꼭 닫고
소와 개까지도 주인을 지킨다네.
정기가 충만해 스러지지 않고
인물을 내실 적에 차별을 두지 않았네.
요즘 듣자하니 성주의 두 낭자가
맨손으로 무덤을 파서 아비 원수를 갚았다네.[6]
사람 살 곳을 찾으려면 이런 곳이 어디 있으랴
내 장차 필마로 돌아가 농사나 지으리라.*

5. 김주(金澍)가 고려의 왕명을 받들고 중국에 사신으로 갔다가 돌아오는데, 압록강에 이르러 고려가 망한 소식을 들었다. 그러자 그는 "내 나라가 망했는데 어찌 들어가겠는가?" 하면서 그 길로 중국에 망명하였다.
6. 성주 선비 박수화(朴守華)가 묘소를 세력가에게 빼앗겼는데, 이 문제를 가지고 다투다가 관가에 잡혀 가서 억울하게 죽었다. 그러자 그의 딸인 효랑(孝娘)과 문랑(文娘)이 아버지의 원수를 갚기 위해 세력가의 무덤을 파헤쳤다. 세력가의 집안에서 효랑을 죽이자, 문랑이 서울에 올라와서 신문고를 울려 억울함을 호소하였다. 이 사실을 기록한 것이 <박효랑실기>이며, 이광정은 이 이야기를 가지고 장편시를 지었다.
* 이광정은 이 시와 별도로 <임열부향랑전(林烈婦薌娘傳)>을 지었다.

鄉娘謠

一善女子名鄉娘，生長農家性端良．
少小嬉戲常獨遊，行坐不近男兒傍．
慈母早歿後母嚚，害娘箠楚貪暴狂．
娘愈恭謹不見色，紡絲拾菜常滿筐．
十七嫁與林家兒，兒年十四亦不臧．
愚駯不知禮相加，攉髮招膚殘衣裳．
謂言稚兒無知識，年長還又加悖妄．
惡娘箠撻不去手，彪虎決裂誰敢向．
舅姑憐娘送娘家，荷衣入門無顏儀．
母怒搥床大叱咤，送汝適人何歸爲．
嗟汝性行必無良，吾饒不畜棄歸兒．
閉門相與犬馬食，父老見制無奈何．
爲裝送娘慈母家，母家悲憐迭戚嗟．
爲言汝是農家子，見棄惟當去從他．
四鄰皆知汝無罪，胡乃虛老如花容．
娘言此言大不祥，兒來只欲依舅公．
女子有歸不更人，兒生已與謀兒衷．
見逐秖緣數命奇，之死矢不污兒躬．
數言不從終怒視，且謂尋常兒女語．
要人涓吉迎娘去，釃酒宰羊列品庶．
門前繫馬青絲勒，紅盤洗出雙金筯．
娘心驚疑暗自覤，正是諸舅要奪余．

嗟吾薄命等漂漂，在此終當受污潄.
跳身還向故夫家，野心未化狂童且.
舅言吾兒大無行，汝雖復來何所益.
不如從他美丈夫，寒衣飢食安床席.
吾兒已與汝相絕，不復問汝有所適.
娘為垂淚復公爺，不意公今有此言.
貧兒無教又無行，此心誓不登他門.
幸公憐兒與隙土，草食陶穴終吾身.
義言僂傖不回頭，但戒母為門戶塵.
弱質東西不見容，西顧茫茫迷去津.
忍詬但能汙吾義，自裁還為舅所惡.
仰天噓唏拊心啼，玉筯亂落如飛雨.
父不我子夫不婦，再來還逢舅姑忤.
三從道絕人理乖，有生何面寄寰寓.
嗚呼一身無所歸，面前滄波流萬古.
無寧潔身赴清流，下與阿孃悲懷吐.
悲吟披髮下江干，霜葉鳴秋蘆花睡.
江頭採薪小女兒，携來問名年十二.
沙際兩立盡心語，汝家幸與吾家邇.
嗟吾隱痛無所歸，今將舍命隨清水.
但恐死去不明白，世人疑吾有他志.
而今遇汝真天幸，汝小能言吾死事.
汝小不能止我死，使我從容就死地.
解髢襁裳更結束，說與慇懃傳致家.

阿爺年老不能將，死容何忍見阿爺.
阿爺雖來尸不出，只向泉臺從阿母.
哀歌有懷兒記取，天地雖寬無所偶.
他日汝來歌此歌，江水波起知我否.
欲投還止顧兒笑，我已決死無所顧.
雖然見水有怖心，可嗟人生懼此路.
於焉蒙袂勇身投，斜日蒼茫滄波怒.
是處偏近竹林祠，江上高碑名砥柱.
吉子當年餓首陽，清風萬古只此土.
娘生卑微能知義，捐身得地何其奇.
樵女傳衣送阿爺，浹旬號哭循江湄.
層波嗚咽江鳥啼，江上招招魂有知.
阿爺旣去尸載浮，單衫被面顏如故.
世人嘖嘖說靈異，孝烈如娘終無訴.
生逢母崑歸夫凶，阿誰見聞能如是.
至行端宜化暴愚，終不見容而底死.
或言義烈大抵窮，我謂窮後見烈義.
天生義烈風百世，不待生前倘來寄.
烏山洛江節義藪，卓犖高標聯史書.
星軺北去不復廻，竹田青青五柳墟.
尙今村嬌守夜閨，下與牛狗能衛主.
正氣磅礴也不死，鍾生人物無豐窶.
近聞星山兩小娘，隻手拔塚死報父.
擇地焉不處此間，吾將匹馬營農圃.

산유화여가 - 최성대

지주비에서 나무 하는 계집아이가
서글프게 <산유화> 노래를 부르네.
향랑의 얼굴은 보지 못했는데도
향랑의 노래를 잘도 부르네.
나는 낙동강에 사는 여자고요
낙동강에는 향랑의 집도 있었지요.
향랑에게는 여러 자매가 있었지만
부모는 향랑을 가장 사랑했지요.
어려서부터 규중 깊은 곳에서 기르며
문 밖에는 나가 놀지도 못하게 했지요.
여덟살에 거울에다 얼굴을 비췄더니
두 눈썹이 버들잎처럼 푸르렀지요.
열살에는 봄날 뽕잎을 따고
열다섯엔 이미 베를 짰지요.
부모가 늘 자랑하면서
"우리 딸 얼굴이 예쁘다"고 했지요
착한 사람에게 시집가서
한 마을에 같이 살길 바랬지요.
친정과 떨어지는 것만 걱정했지
남의 아내 괴로울 줄은 몰랐었지요.
열일곱에 수 놓은 치마를 입고
귀밑머리 곱게 빗었지요.[1]
중매장이가 좋은 소식 가져왔지요.
"꽃같이 잘생긴 착한 남자인데,

바지 위에는 수놓은 배자를 입고
발에는 수 놓은 신발을 신었지요.
재물을 아끼지 않는데다
여자가 어질고 아름답기만 원한답니다.
소와 양이 골짜기에 가득하고
비단이 상자 속에서 빛난답니다."
아버지가 어머니 불러 말하더니
날 잡아 시집보내기로 하였지요.
금등자에 겹치마로 올라타고
준마를 치장해 보내니,
"따님이 시집 잘 간다"고
마을 사람들이 부모에게 축하했지요.
메꽃은 쪽찐 머리에 꽂고
들꽃은 비녀에 섞어 꽂았지요.
시집 마루에 올라 술 두 잔을 바치니
시부모도 절 받으며 좋아했지요.
새벽에 일어나면 꽃이 하늘에 가득하고
밤에 잠들면 침상에도 가득했지요.
손에는 언제나 실을 들고요
남편의 옷을 지었답니다.

■

1. 당나라 시인 백거이의 시 <부인고(婦人苦)>에도 "선빈가의소(蟬鬢加意梳), 아미용심소(蛾眉用心掃)"라는 구절이 있다. 매미 같은 귀밑머리를 정성껏 빗는다는 뜻이다.

탕녀를 본받기는 싫어했지만
예쁘게 차리고 나서면 동네가 환했지요.
남들은 놀러 다니기 즐겁다지만
나는야 집에서 베만 짰지요.
동문 밖에는 수초가 있고
북쪽 서낭당엔[2] 푸른 고사리도 있었지요.
삼 년 동안 금슬이 뜸했지만
남편 섬기기에 잘못한 적은 없었지요.
은정이 중간에 끊어져
헤어지리라고야 어찌 생각했겠어요.
베 짜고 나면 늦게 왔다 꾸짖고
화장 해도 예쁘단 말 하지 않더니,
미운 아내 오래 둘 수 없다며
일찌감치 친정으로 돌아가라고 했지요.
서러운 마음으로 휘장을 걷고서
통곡하며 동구 밖으로 나가노라니,
봄날의 산도 예전의 봄빛과 달라
더부룩한 풀잎을 눈물로 적셨지요.
아무려나 낭군의 뜻을 받들어
친정에 가 있으려 했건만,
전해 들으니 상형촌에서
어떤 여자가 이미 남편과 짝지었다죠.

2. 원문의 선(墠)은 단을 쌓고 제사 지내는 곳이다.

수레 몰아 가자니 해는 저무는데
소매 돌리며 뒤돌아보았지요.
작년에 친정어머닌 돌아가시고
대청엔 의붓어머니만 있어,
주렁주렁 열렸던 대추는 진작에 떨어지고[3]
배 고파도 맛보지 못했답니다.
삼촌이 향랑에게 말했지요
"애야, 너무 슬퍼 말아라.
저 언덕에 뻗어 나간 칡이
언덕 서쪽으로도 뻗어 나간단다."
향랑이 삼촌에게 말했지요
"제 몸을 욕되게 할 순 없어요.
푸르디 푸른 물 속의 난초는
잎이 져도 마음 여전히 향기롭지요."
하늘은 높고 땅은 넓은데
나는 어디로 가야 하나.
저 약랑 아씨는 바르고도 깨끗해[4]
죽어서 향기로운 봄풀이 되었다지.
남 몰래 강둑으로 갔더니
낙동강 물은 푸르기만 하네.
여러 계집아이들이 모여 노는데
"애들아, 내 말 좀 들어 보렴.
높은 산마루에 금규화가 있지만
그 꽃을 꺾고 나면 어디로 가야 하나."

슬프고 원망스런 노래를 전해 주니
이것이 바로 <산화곡>일세.
슬픈 노래가 아직도 들리는데
시퍼런 물결이 깊이 출렁였네.
영은 흰 무지개를 따라가고
혼은 푸른 연잎에 덮였네.
강물 밑바닥을 보이게 말아야지
모래를 머금은 모습 드러날까 걱정스럽네.

3. ≪악부시집≫ <조하하찬찬(棗下何纂纂)>에
   대추꽃이 흐드러지게 피어
   붉은 열매 주렁주렁 달렸더니,
   대추 열매 다 떨어지고
   나무도 말라 죽었네.
라는 구절이 있다. 한창 번성했다가 갑자기 몰락하는 경우를 노래한 것이다.
4. 약가(藥哥)는 조을생(趙乙生)의 아내이다. 을생이 왜구에게 잡혀 가자 약가가 그의 생사를 알지 못해, 고기와 마늘을 먹지 않았으며, 옷을 벗지 않고 잤다. 부모가 그의 뜻을 바꾸려 했지만, 죽기로 맹세하고 듣지 않았다. 8년 만에 을생이 살아 돌아와 부부가 되어 처음과 같이 살았다. -≪신증 동국여지승람≫ 권29 <선산도호부>
최성대의 친구인 신유한이 지은 <산유화곡>에도 약가가 나온다.
   성 남쪽 언덕을 바라보니
   옛 무덤에 백양나무가 자랐네.
   약가 여인이 죽어서
   향그런 봄풀이 된 것이라고 하네.
   但見郭南岡, 古墳生白楊.
   言是藥哥女, 死作春草香.

마을 사람들 이 소식 듣고 눈물 흘리며
노래 끝나자 모두들 슬퍼하였네.
밝은 달빛이 남겨둔 노리개를 비추니
비취 비녀에 금장식이 다 떨어졌네.
해마다 향랑이 노래 부르던 강둑에는
메꽃이 봄마다 저 혼자 피었다 지네.
찔레꽃은 에쁜 보조개를 흉내내고
둑방 풀에는 향랑의 치마빛이 남아 있네.
천 년 세월 영호남 사이로
강물은 동쪽에서 흘러오는데,
금오산 아래 길 가던 사람들은
지금도 향랑 생각에 고개를 돌리네.

山有花女歌

砥柱採薪女, 哀歌山有花.
不識女娘面, 猶唱女娘歌
儂是落同女, 落同是娘家.
娘有羣姉妹, 父母最娘憐.
少小養深屋, 不敎出門前.
八歲照明鏡, 雙眉柳葉綠.
十歲摘春桑, 十五已能織.
父母每誇道, 阿女顔色好.
願嫁賢夫婿, 同閈見偕老.

常恐別親去，不解婦人苦.
十七着繡裳，蟬鬢加意掃.
有媒來報喜，善男顏花似.
袴上繡裲襠，足下絲文履.
自言不惜財，但願女賢美.
牛羊滿谷口，綾錦光篋裏.
阿父喚母語，涓吉要嫁女.
金鐙雙袂裙，裝送上駿馬.
隣里賀爺孃，阿女得好嫁.
山花挿鬢髻，野葉雜釵鐶.
升堂捧雙盃，受拜翁姥歡.
曉起花滿天，夜宿花滿床.
茸茸手中線，爲君裁衣裳.
羞學蕩女兒，發豔照里閭.
人言冶遊樂，儂織在家居.
東門有旨鷊，北塼有綠蕨.
三年靜琴瑟，事主未會失.
豈意分明別，恩情中途絶.
織罷故嫌遲，粧成不言好.
惡婦難久留，語妾歸去早.
含悲卷帷幔，痛哭出畿道.
春山異前色，淚葉蕪蘼草
願將奉君意，爲君暫鞠于.
傳聞上荊村，有婦已從夫.

驅車畏日暮, 反袂猶回顏.
去歲阿母死, 高堂有晚孃.
纍纍棗下實, 女飢不得嘗.
阿叔語香娘, 阿女勿悲啼.
濛濛黃臺葛, 亦蔓黃臺西.
香娘語阿叔, 妾身不可辱.
青青水中蘭, 葉死心猶馥.
天地高且廣, 道儂那所適.
介彼藥娘正, 逝將依古側.
潛行到陂口, 落同江水碧.
祁祁衆女兒, 薄言同我卽.
高山有蔟花, 採彼將安息.
遂傳哀怨歌, 云是山花曲.
哀歌唱未終, 古淵波浪深.
靈隨白霓旗, 魂掩青芝襟.
無使水見底, 恐畏懷沙沈.
鄉里聞之泣, 歌竟皆悽惻.
明月照遺珮, 翠鈿埋金篩.
年年女娘堤, 山花春自落.
野棠學寶醫, 堤草留裙色.
千秋湖嶺間, 江水自東流.
金烏山下路, 至今猶回頭.

향랑시 - 이덕무

향랑은 선산(善山)의 시골 여자로 성품이 단아하고 고결하여, 여자다운 품위가 있었다. 그러나 계모가 인자하지 않은데다, 시집간 뒤에도 남편이 어리석고 사나웠다. 까닭없이 꾸짖거나 때렸다. 시부모도 자기 아들을 말리지 못하고, 다른 데로 개가하라고 권하였다. 향랑이 울면서 친정으로 돌아갔지만, 계모가 거절하면서 받아들이지 않았다. 그 삼촌에게로 갔지만, 역시 마찬가지였다. 향랑이 울면서 다시 시댁으로 갔는데, 시아버지가 "네가 왜 다른 데로 시집가지 않았느냐? 내게로 돌아올 필요가 없다"라고 말했다. 향랑이 울먹이며 "문 밖의 터에다 집을 짓고라도 죽을 때까지 살고 싶습니다"라고 말했다. 그러나 시부모가 끝내 허락하지 않았다. 그래서 죽기로 결심하고 남몰래 지주비(砥柱碑)[1] 아래에 가서 울고 서있었다. 마침 나무 하던 계집애를 만났는데, 바로 같은 마을 사람이었다. 그래서 자기의 사정을 하나하나 말하고는 "내 남편이 나를 미워하고, 친정의 계모와 삼촌까지도 나를 받아들이지 않았다. 게다가 시부모까지도 나에게 익지로 개가하라고 권하니, 내가 어디로 가겠는가? 지하에 가서 사랑스러운 어머니를 만나고 싶다. 네게 신 한 짝을 줄 테니

---

1. 경상도 선산에 세운 고려 충신 야은(冶隱) 길재(吉再)의 유적비(遺蹟碑)이다. 1586년에 인동현감 유운룡이 세웠는데, 앞에는 중국 사람 양청천(楊晴天)이 '지주중류(砥柱中流)'라고 썼으며, 유성룡이 음기(陰記)를 썼다.

이걸 가지고 우리 친정에 가서 '향랑은 갈 데가 없어 저 강물 속으로 몸을 내던져 죽었다'고 전해 주렴"하고 부탁하였다. <산화곡(山花曲)> 한 구절을 부른 뒤에, 드디어 물 속에 뛰어들어 죽었다. 나무 하던 계집애가 그 일을 전하자, 고을 사람들이 그를 정녀(貞女)라 이름하였다. 조정에서도 그 마을에다 정려(旌閭)를 세워 주었다. 내가 그 계모와 삼촌 그리고 남편과 시부모의 의리없음을 한탄하여, 시를 지어 자세하게 기록한다.

선산 어느 백성의 집에
향랑이란 여자가 있었네.
성품이 온화하고 부드러운데다
용모도 깨끗하고 반듯하였네.
소꿉장난하던 서너살 때도
사내들과는 놀지 않았네.
어린 나이에 어머니를 여의었더니
계모가 거칠고도 막되먹어,
종처럼 꾸짖기도 하고
말이나 소처럼 때리기도 했네.
딸 된 도리에 어쩔 수 없어
머리 숙이고 시키는 대로 하다가,
자란 뒤에 임씨 집으로 시집갔건만
슬픔과 걱정은 풀리지 않았네.
시부모야 향랑을 가엾게 여겼지만

남편의 마음은 그렇지 않아,
밥을 지으면 모래가 섞였다 하고
옷을 지으면 몸에 안 맞는다 투정했네.
향랑이 비록 백성의 딸이라지만
옛사람의 법을 많이 알기에,
공손하고 순종해야 현숙한 여인네지
그렇지 않으면 몹쓸 아낙네라 여겨,
마음을 삼가 남편의 뜻을 받들었지만
남편 말로는 오래 살 수 없다네.
이러저러한 말을 많이 듣던 중
다른 사람에게 시집가라고까지 하니,
살고 싶어도 무슨 기쁨으로 살겠나
차라리 죽는 게 나으리라고 생각했네.
구월 초엿샛날
지주비에서 통곡했네.
죽으려면 명백히 밝히고 죽어야 하건만
내가 죽으면 그 누가 알아 주랴.
나무 하던 어느 집 딸이
통곡하는 내 모습을 유심히 보고 있네.
너를 만난 것도 하늘 뜻이니
나의 말을 자세히 기록해 다오.
너의 집은 어느 쪽에 사나,
알고 보니 같은 마을일세.
연못 속에 뛰어들어 죽으려 했지만

아무도 모를까봐 걱정했었지.
우리 아버지는 박자신이고
내 남편은 임씨의 아들이지.
칠봉이 내 남편 이름인데
열일곱살에 내가 시집갔었지.
내 남편 나이가 그때 열넷인데
타고난 성품이 불같이 사나워서,
때없이 노여움이 제멋대로 일어나
해가 가고 달이 가도 마냥 그대로였지.
아직도 어려서 그렇겠지 생각하고
장성해지기만을 기다렸건만,
장성해진 뒤에도 그 버릇 고치지 않아
시부모께서도 타이르지 못하셨네.
나를 가여워한 건 시부모뿐이어서
친정부모께로 보내 주었건만,
집으로 돌아가자 계모가 성내며
무엇하러 왔느냐고 구박하였네.
아무 말 못하고 마음만 서글퍼져
발길을 돌려서 삼촌 집으로 갔었네.
삼촌은 이렇게 말했지.
"네 남편이 너를 버려 돌보지 않고
너의 친정부모들까지도
너를 거절하고 사랑하지 않으니,
내 비록 친삼촌이지만

조카딸이라고 받아들일 수는 없구나.
젊은 나이에 소박을 맞았으니
다른 데로 개가하는 것이 좋겠구나."
말하기도 전에 눈물이 먼저 떨어지니
삼촌이 어찌 그리 무정하신지,
조카딸이 비록 촌아낙네이지만
이런 말을 들으리라곤 생각도 못했었네.
남편의 집으로 돌아갈 수밖에 없어
시부모에게 두 번 절하고 뵈었더니,
시부모께선 이렇게 말씀하셨네.
"네 남편은 성내지 않을 때가 없다"고.
내 눈물 머금고 절하며 아뢰었지
"문 밖에다 터만 내어 주신다면
서너 칸 집을 얽어 매어서
그곳에 살다가 죽으렵니다."
시부모께선 이렇게 말씀하셨네.
"그러지 말고 개가하는 게 좋을 것이야.
너를 보니 죽을 마음이 있구나.
그런 말은 부디 꺼내지 말라.
문서를 만들어 주며 네게 약속할 테니
좋은 곳으로 시집가길 바란다."
이 며느리가 비록 못났지만
어찌 차마 그런 짓을 하랴.
마음속에선 얼음과 불이 싸웠지만

억지로 기쁜 것처럼 거동했지.
칡신으로 찬서리를 밟으며
남 몰래 못가에 와서 울었네.
아, 슬프구나, 온 나라 사람들이여
그 누가 향랑의 뜻을 밝혀 주랴.
남자를 만났더라면 말도 못했을 테고
나이든 여자라면 날 못 죽게 했겠지.
네 모습이 총명하고도 슬기로우니
내가 한 말들을 기억하겠지.
돌아가면 우리집에다 전하여
오늘 강물 속에 몸을 던졌다고 하렴.
황천에 가서 우리 어머니를 뵙고
이 슬픔을 낱낱이 말씀드리련다.
네게 〈산화곡〉을 가르쳐 주지.
이 곡 가운데 슬픈 구절이 많단다.
"하늘은 어이 그리 높고
땅은 어이 그리 넓은가.
이처럼 커다란 천지에도
내 한 몸 의탁할 곳이 없네.
차라리 강물 속에나 뛰어들어
물고기 뱃속에다 뼈를 묻으리라."
네가 부디 이 노래를 전해서
뒷날에 나의 혼을 불러다오.
신 한 짝을 네게 줄 테니

내가 한 말들을 증거 삼아다오.
내가 하는 일을 잘 보아 주면
죽은 뒤에라도 네게 보답하리라.
저고리를 벗어 얼굴을 가린 뒤에
온몸을 맑은 물 속에 던져 버렸네.
계집애가 와서 그 말을 전하니
죽을 때 나이가 스물이었다네.
부사가 그 사실을 올리고
감사도 임금께 아뢰어,
정녀(貞女)라고 이름 지어 부르고는
무덤 옆에다 빗돌을 세워 주었네.
지금까지도 <산화곡> 노래를 들으면
마을 사람들이 눈물을 흘린다네.

香娘詩

善山百姓家, 有女曰香娘.
性情和且柔, 顔貌潔且方.
戲嬉三四歲, 不與男子遊.
弱年哭慈母, 後母多愆尤.
罵之如奴婢, 敺之如馬牛.
爲女當如何, 低頭隨所爲.
及長嫁林氏, 慼慼憂不弛.
翁姑雖憐娘, 夫心不如斯.

炊飯謂有沙，縫衣謂不愜．
娘雖百姓女，頗識古人法．
恭順爲賢女，不然爲惡婦．
謹心承夫意，夫曰不可久．
頗聞云云說，以我他人嫁．
欲生生何喜，不如死之可．
九月初六日，痛哭砥柱碑．
死當明白死，我死誰當知．
采薪誰家女，有意着我哭．
逢汝亦天憐，我言詳記錄．
爾家那邊住，知是同隣曲．
欲投池中死，無人知其事．
吾父朴自新，吾父林氏子．
七鳳吾夫名，十七嫁林氏．
夫年時十四，禀性如火烈．
自發無時怒，年年復月月．
意謂尙童心，惟待年壯盛．
壯盛猶不悛，父母莫能警．
憐我惟翁姑，送我父母家．
歸家母氏怒，爾來欲如何．
無語只忉怛，反自歸叔父．
叔父曰汝夫，棄汝不復顧．
汝家父與母，拒汝不憐汝．
吾雖親叔父，不堪留侄女．

少年作棄婦，不如歸他人．
淚從言前落，叔父何不仁．
侄女雖村婦，不期叔言聞．
不如歸夫家，再拜謁翁姑．
翁姑曰汝夫，怒心無時無．
含淚拜且言，願得門外地．
結屋三四椽，死生於此已．
翁姑曰不然，不如更嫁去．
觀爾有死心，愼勿出此言．
作券以約汝，珍重歸好處．
子婦雖不敏，那忍爲此事．
心中若氷火，舉動強自喜．
葛屨履寒霜，潛哭來澤涘．
吁嗟國中人，誰白香娘意．
逢男不足設，壯女救我死．
爾貌甚聰慧，記我此言不．
歸去傳我家，是日江中投．
黃泉見我母，歷力說此愁．
教汝山花曲，曲中多悲憂．
天乎一何高，地乎一何博．
如此大天地，一身無依托．
寧赴江水中，葬骨於魚腹．
幸汝傳此曲，我魂招他日．
雙屨贈汝去，憑茲言一一．

努力看我爲, 死後多謝爾.
脫衫蒙頭面, 舉身赴淸水.
兒來傳其語, 死時年二十.
府使上其事, 監司奏御榻.
名之曰貞女, 烏頭墓旁立.
至今山花曲, 村人聞之泣.

산유화요 – 부여 지방 민요

산유홰혜 산유화혜
적룡 죽은 지 오랫연만
백마강수는 만고에 푸르도다.
(후렴) 얼널널 상사뒤야
　　　　어여뒤여 상사뒤야

산유홰혜 산유화혜
꽃 떨어진 지 오랫연만
락화암 달빛 천루에 밝어라.
(후렴)

산유홰혜 산유화혜
부소산 높아 있고
구룡포는 깊어 있다
(후렴)

산유홰혜 산유화혜
부소산도 평지 되고
구룡포도 평원이라
(후렴)

산유홰혜 산유화혜
충령봉에 해가 뜨고
사비강에 달이 진다

(후렴)

산유홰혜 산유화혜
저 해가 떠서 들에 나가
저 달 져서 집에 온다
(후렴)

산유홰혜 산유화혜
저 꽃 필 때 농사 짓고
저 꽃 질 때 타작 하네.
(후렴)

산유홰혜 산유화혜
농사 짓기 힘들건만
부모 처자 어이하리
(후렴)

산유홰혜 산유화혜
번화함을 자랑 마소
구십춘광 덧없에라
(후렴)

■ 부록

작가 연보
민요와 한시의 거리 - 허경진
원시제목 찾아보기

작가 연보

1760년(영조 36년) 서울에서 태어났다. 본관은 전주 이씨이다. 할아버지 이동윤(李東胤)은 어모장군(禦侮將軍) 행용양위부사과(行龍亮衛副司果)이고, 아버지 이상오(李常五)는 진사이다. 이옥의 자는 기상(其相)이고, 호는 문무자(文無子)·매사(梅史)·매암(梅庵)·경금자(絅錦子)·화석자(花石子)·청화외사(青華外史)·매화외사(梅花外史)·도화유수관주인(桃花流水館主人) 등이다.

1783년(정조 7년) 24세 학질에 걸려 석 달 동안이나 고생하였다.

1790년 31세 생원에 급제하였다. 부모와 처자가 경기도 남양에 낙향해 매화산 아래 살고 있었지만, 그는 오랫동안 돌아가지 않고 서울에서 공부하였다.

1792년 33세 응제순어(應製旬語)에서 소설 문체로 답안지를 썼다가 임금에게 꾸중들었다. 많은 선비들이 그의 문체를 재미있게 여겨 답습하자, 정조가 정권 유지의 차원에서 문체반정(文體反正)을 거론한 것이다. 정조는 "성균관 유생들이 시권(試卷)에서 패관잡기의 문체를 쓴다면, 아무리 글이 아름답더라도 낮은 점수를 주어 내쫓고, 그 이름을 공개하여 과거시험에 나아갈 자격을 주지 말라"고 대사성 김방행에게 말하였다. 그리고는 "성균관 일과(日課)로 사육문(四六文) 50수를 지어 지금까지 잘못 젖어든 나쁜 습관을 바꾼 뒤에 과거시험 치를 자격을 주라"고 하였다. 이때 패관소설 투의 답안지를 쓴 대표자로 이옥의 이름이 ≪정조실록≫에 실렸다.

1795년 36세 8월에 역시 성균관 유생으로 글을 지었는데, 정조가 그의 글을 보고 문체가 괴이하다고 하여 과거시험 치를 자격을 금지하였다가, 곧 다시 명하여 과거시험 치를 자격은 주면서 충청도 정산현(지금의 청양) 군적에 편입시켰다.

9월에 다시 서울로 돌아와 글을 지어 올렸지만, 역시 문체 때문에 지적받고 경상도 삼가현(지금의 구례) 군적에 편입되어, 사흘을 머물다가 서울로 돌아왔다.

1796년 37세 2월에 별시 초시에서 수석했지만, 역시 문체 때문에 끝자리에 발표되었다. 국법상 군적에 편입되었던 자가 풀려나면 용서받았으므로, 그는 정소(呈訴)하는 절차를 모르고 3월에 남양으로 돌아갔다.

5월에 부친상을 당하였다.

1797년 38세 봄에 삼가현으로부터 군적에 빨리 돌아오라는 소환장이 왔다. 그제서야 자기 이름이 아직도 삼가현 군적 명부에 올라 있다는 사실을 알고 형조·병조·예조에 호소하였지만, 허락받지 못하였다.

1799년 40세 삼가현에서 빨리 군적에 복귀하라고 독촉하므로 형조에 다시 호소했지만, 형조에서는 여전히 "우리는 군적 명부에 이름이 있는 것만 알 뿐이지, 합격자 명부에 이름이 있었던 것은 알 수가 없다"고 하였다. 그래서 10월에 다시 삼가현으로 내려갔다. 서성(西城) 밖에 있는 박대성(朴大成)의 주막에 방을 얻어 살면서, 밥을 사 먹으며 지냈다. 그는 삼가현에서 머무는 동안 그 지방의 인정과 풍물을 보고 듣는대로 기록했는데, 이 글이 ≪봉성문여(鳳城文餘)≫이다.

1800년 41세 2월에 나라에 큰 경사가 있어 과거를 베풀게 되자, 삼가현령이 비로소 돌아가라고 허락하였다. 그가 서울로 돌아간다고 하자, 그동안 밤낮 그의 집에 찾아와 놀던 동네 사람 삼사십 명이 송별연을 베풀었다. 주막집 주인과 이원식을 비롯한 열댓 명은 15리 밖까지 따라오면서 울며 배웅하였다. 팔량치에서 남원과 전주를 지나 공주에 이르렀을 때에 임금이 자기 죄를 용서했다는 소식을 들었다. 1799년 10월 18일에 삼가현에 도착해 이해 2월 18일 서울로 떠났으니, 삼가현에 118일 있었던 셈이다. 서울에서 삼가현까지 팔백 리였으므로, 그는 이 남행길에서 왕복 1,780리를 걸었다고 기록하였다.

1801년 (순조 1년) 42세 순조가 즉위하면서 천주교에 대한 박해를 시작하였다. 신유옥사가 일어나, 그와 가장 가까운 친구 김려가 유배되었다. 김려는 1806년에야 풀려났는데, 이옥도 이 동안 남양 본가에 내려가 조용히 지낸 듯하다. 다시는 과거시험 치를 생각을 하지 않았으며, 몇 명의 종을 데리고 농사를 지으며 살았다. 그의 문집에 이때 지은 글들이 실려 있어 그 생활을 짐작할 뿐, 생활에 특별한 변동은 없었다.

1813년 54세 남양 본가에서 세상을 떠났다.

그의 글들은 가장 친했던 친구 김려가 모아서 ≪담정총서(潭庭叢書)≫에 넣었는데, <문무자문초(文無子文鈔)>·<매화외사(梅花外史)>·<중흥유기(重興遊記)>·<화석자문초(花石子文鈔)>·<경금소부(絅錦小賦)>·<도화유수관소고(桃花流水館小稿)>·<석호별고(石

湖別稿)>·<매사첨언(梅史添言)>·<봉성문여>가 실려 있다. 이옥은 자기 글들을 김려가 유배지에서 돌아온 뒤에 보여 주었는데, 이옥이 세상을 떠난 뒤에 김려가 그의 문집을 정리하였다. 이 문집들과는 별도로 그의 시와 시론을 모은 ≪예림잡패(藝林雜佩)≫가 국립중앙도서관과 규장각에 소장되어 있다.

그의 생애를 정리한 <행장>이나 <비문>·<연보>가 따로 전하지 않는다. 삼가현 군적에 편입되어 있는 동안 보고 들은 이야기들을 기록했던 ≪봉성문여≫에 자기의 문장 때문에 몇 차례 군적에 편입되어 지방을 오갔던 사연들을 밝힌 <추기남정시말(追記南征始末)>이 실려 있어, 그나마 삼사십 대의 생활을 알 수 있을 뿐이다.

민요와 한시의 거리

허 경 진

조선 후기에 들어와 당대의 사회 현실을 제대로 보려는 몇몇 시인들이 민요풍의 한시를 지었다. 그 시가 민요는 아니었지만, 민요가 지녔던 그 체취를 당시 사대부들의 문자였던 한시로 전하기 위해 그 시인들은 많은 고심을 하였고, 어느 정도의 성과를 이뤘다. 민요적인 소재를 한자로 써야만 했던 까닭은 민요를 직접 들을 기회가 적었던 양반 사대부 또는 그 주변의 사람들을 독자로 상정하였기 때문이다. 그들은 왜 그런 생각을 하게 되었으며, 그 성과는 어느 정도였는지, 이 글에서 밝혀 보려고 한다.

1. 사랑노래의 흐름

민요에서는 사랑노래가 노동요나 시집살이노래 다음으로 많다. 가장 관심 많았던 주제나 소재가 민요로 불리는 것은 당연한 일이다. 중국 최초의 민요집이라고 할 수 있는《시경》에도 사랑노래가 수없이 많이 실렸다. 그러나 조선시대 사대부들의 한시나 가사를 예로 든다면, 그 비중이 훨씬 줄어든다. 어려서부터 체제 교육에 길들여졌기 때문이고, 남의 눈치를 보아야 했기 때문이다.

사대부들 사이에 지어졌던 대표적인 사랑노래는 사미

인곡(思美人曲)이다. 사미인(思美人)은 멀리 중국의 ≪시경≫이나 ≪초사≫에서 비롯되었는데, 조선시대에도 정철을 비롯한 많은 사대부들이 <사미인곡>이나 그와 비슷한 이름의 노래를 지었다. 물론 정철의 <사미인곡>은 임금을 생각하는 노래이다. 그러나 한용운의 <님의 침묵> 속에 나오는 '님'이 누구인지 여러 가지로 해석되는 것처럼, 정철이 노래한 '미인'도 선조 임금만이 아닌 또 다른 해석의 가능성을 남겨 두고 있다. 그 노래에서 쓰여진 표현들이 너무나도 남녀간의 사랑을 연상케 하기 때문인데, <속미인곡>의 경우는 더하다. 그 미인이 꼭 임금이어야만 했다면, 아름다운 여인을 그린 표현을 꼭 쓸 필요는 없었을 것이다. 말하자면 정철은 임금 사랑이라는 점잖은 노래를 지으면서, 속으로는 또 하나의 사랑노래를 즐겼던 셈이다.

그가 이렇게 우회적으로 사랑노래를 지어야만 했던 까닭은 물론 조선 사회의 폐쇄성 때문이다. 여인은 물론 한 남자만을 사랑해야 했으며, 대부분은 먼저 사랑할 수도 없어 사랑받기만 하였다. 남자도 거의 마찬가지여서, 아내 말고는 자기 소유의 종첩이나 화류계의 여성들만 상대할 수밖에 없었다. 현실에서는 그 폭이 조금 더 넓었겠지만, 남들에게 공개되는 시를 지을 때에는 그 폭이 더욱 좁아졌다.

사대부들이 한시로 사랑노래를 지을 때에는 악부체(樂府體)를 많이 사용하였다. 옛날 중국에서 민간의 노래를 채록한 것이 ≪악부시집≫이었기 때문에, 그 가운데에는 자연히 사랑노래가 많았다. 그래서 조선시대의 문인들도 사랑노래를 지을 때에는 악부체를 많이 빌려서 썼다. 그러나 악부체라고 해도 이미 옛날에 불렸던 악부는 아니며, 그 악부체의 시들이 당대에 불리지도 않았다. 다만 악부체라는 관습만 빌린 것이다. 악부체를 빌려서 옛날 형식의 시를 지어 보았다는 핑계를 대면, 사회의 인습에서 벗어날 수 있었기 때문이다. 그러나 이런 경우의 사랑노래는 대부분 관념적인 사랑을 노래하였다. 남성 시인이 여성의 입장에서 썼다는 점도 그렇고, 시 속에 나오는 소재도 대부분 옛날 중국의 관습을 벗어나지 못했다. '악부'라는 이름 자체가 중국의 울타리 속으로 자진해서 들어간 셈이다.

16세기에 당시풍(唐詩風)이 유행하면서 이달(李達)을 비롯한 많은 시인들이 <채련곡(採蓮曲)>을 지었는데, 이 시도 사랑노래이다. 그러나 <나물 캐는 처녀>가 진솔한 사랑을 노래한 민요인데 반해서, <채련곡>은 여전히 중국의 관습 속에서 관념적으로 지은 사랑노래였다. 이 시인들이 연잎을 따며 사랑노래를 부른 것이 아니고, 실제로 남녀가 연꽃을 따서 던지며 사랑하는 모습을 보고 지은 시도 아니다. 18세기 신유한의 <채련곡>도 역시 중국의 관습적이고 관념적인 사랑노래를 벗어나지 못했다.

오나라 아가씨 나이 열다섯에
얼굴이 꽃처럼 아름다워라.
강남곡을 잘 부르며
강남 배에서 자랐지.
吳娃年十五, 眉目如花姸.
慣唱江南曲, 生長江南船.

최성대는 여성 주인공의 시점에서 남녀간의 사랑과 결

혼, 그리고 의심받고 버림받는 생애를 노래한 민요풍의 시 <고염잡곡(古艶雜曲)> 13편을 지었지만, 역시 제목부터가 악부체를 벗어나지 못했다.

이들이 굳이 악부체를 즐겨 쓴 이유는 물론 시인과 시 속의 화자(話者)를 구별하기 위해서였다. 사대부들이 자기의 목소리로 사랑노래를 짓는 경우는 기생에게 지어준 몇 수의 시조와 아내에게 지어준 한시 정도이다. 기생에게 지어준 한시는 많지만 아내에게 지어준 시조가 없는 까닭은 시조가 대부분 여러 사람이 모인 가운데 불려졌기 때문일 것이다. 김시습이 <이생규장전>에서 수많은 연애시를 지었지만, 실제로 그러한 연애시가 자신의 이름으로 문집에 실려 전하는 경우는 없었다. 그도 소설 속에 나오는 이생의 이름을 빙자해서 연애시를 써본 것이다.

허균이 일기를 쓰면서 여행 중에 함께 잤던 기생들의 이름을 기록했다가 사대부들에게서 비난 받았는데, 당시의 제도에 의하면 관리들이 지방 출장 중에 기생들과 함께 자는 것은 공공연한 일이었다. 이들과 술잔치를 벌이고 시조나 한시를 주고받았으며, 놀이가 끝나면 으레 함께 잠잤다. 이러한 생활을 솔직하게 기록하다가 비난 받는 사회였기 때문에, 기생들에게 지어준 시조나 한시는 풍류객들의 일화 속에서나 전해지는 정도이다. 그러다보니 기생이나 아내가 아닌 여인에게 지어준 사랑노래는 찾아볼 수가 없게 되었다. 사랑하는 여인이 있건 없건 간에, 그러한 감정은 악부체에 의탁해서 자기 목소리를 감추고 지을 수 밖에 없었을 것이다.

기생에게 지어준 사랑노래들이 농염하다면, 아내에게 지어준 사랑노래들은 점잖다. ≪홍길동전≫에서 홍 판서

가 용꿈을 꾸고 귀한 아들을 얻기 위해서 부인이 있는 안방으로 들어갔는데, 부인이 정색하고 "상공이 체위 존중하시거늘 연소 경박자의 비루함을 행코저 하시니, 첩은 봉행치 아니하리로소이다"하고 손을 뿌리쳤다. 어려서부터 그렇게 교육 받았으므로, 그렇게 행동하였던 것이다. 부부간의 실제 생활도 점잖았겠지만, 남들에게 보이려고 글로 지어 남긴 경우는 더할 수밖에 없었다.

기생들이 한시로 지은 사랑노래는 매창의 경우 진솔한 편이고, 재상 김이양을 상대한 부용의 경우는 진솔하면서도 점잖은 편이다. 기생들이 지었다는 시조가 노골적인 것에 비하면, 역시 한시라는 전달 수단의 한계가 있기 때문인 듯하다. 기생 아닌 여성이 사랑노래를 한시로 많이 지은 경우는 허난설헌과 김상의당(金三宜堂) 정도였는데, 그나마 허난설헌이 한강 서재에 가서 공부하는 남편 김성립을 그리워하며 지은 시 <기부강사독서(寄夫江舍讀書)>는 문집에 실리지도 못했다. 이수광은 그 이유가 "유탕(流蕩)에 가깝기 때문"이라고 ≪지봉유설≫에서 설명하였다. 이러한 시대 분위기 속에서 사랑노래는 관습적인 악부체를 벗어날 수가 없었던 것이다.

2. 이언(俚諺)이라는 제목과 민요풍 한시

'이(俚)'라는 글자를 ≪대한한사전≫(장삼식 편)에 찾아보면 '속될 리, 상말 리, 좀말 리, 상노래 리'라는 뜻으로 나와 있고, '이언(俚諺)'은 '항간에 퍼져 있는 속담'이라고 설명하였다. ≪강희자전≫에도 '이(俚)'를 '들사람(민간)의 노래[野人歌曰俚]'라고 하였다. 그런데 '언(諺)'자는 우리

나라에서 언문(諺文)의 뜻으로도 쓰였다. 그렇게 되면 '이언'은 우리말로 불려진 민간의 노래나 이야기가 될 것이다. 이옥 자신이 <삼난(三難)>에서 "내가 비록 (한자를 덜 써서) 솜씨가 둔해지고 혀를 더듬게 되어 언문시를 짓게 되더라도[吾雖手鈍舌訥, 全作諺文之詩]"라고 하였다. 당시 선비였던 그가 자신의 언어였던 한자로 시를 지었지만, 언문으로 시를 짓는다는 마음을 가지고 <이언>을 지었음을 알 수 있다.

우리 나라에서 처음부터 한시와 민요의 거리는 아주 멀었다. 한시는 남의 나라 글자인 한자를 빌려서 썼으며, 민요는 우리말로 지어 불렀다. 자연히 한시는 한자를 배워서 시를 지을 정도로 수준높게 교육 받은 지식인들만 지을 수 있었으며, 민요는 누구나 몇 번 들으면 흥얼거릴 수 있었고, 정선아라리처럼 자기의 심정이나 처지를 그 가사에 고쳐 넣어 또 하나의 민요를 지어낼 수도 있었다. 별다른 교육이 필요없었던 것이다.

세종은 <훈민정음> 서문에서 "나라 말씀이 중국과 달라 문자와 서로 통하지 않으므로 어리석은 백성들이 할 말이 있어도 그 뜻을 다 펼 수가 없었다"고 그 창제 동기를 설명하였다. 한시는 남의 나라 글자를 빌려서 썼기 때문에, 아무리 자연스럽게 짓더라도 자기 나라 말처럼 자연스럽고 진솔하게 표현할 수는 없었다. 퇴계가 <도산십이곡>을 지으면서 그 발(跋)에서 "오늘의 시는 옛날의 시와 달라서, 읊을 수는 있지만 노래하기에는 어렵다. 이제 만약 노래를 부르려면 반드시 이속(俚俗)의 말로써 지어야 할 것이니, 이는 대체로 우리 국속(國俗)의 음절이 그렇지 않을 수 없기 때문이다"라고 말한 것도 같은 이

유에서이다. 그래서 퇴계같이 모든 사유를 한문학의 세계 안에서 하던 성리학의 대가도 노래를 부르고 싶을 때에는 우리말로 시조나 가사를 지었던 것이다. 한시와 민요는 작가층이나 향수층도 대조적이었으므로, 그에 따라서 주제나 소재, 또는 작가나 향수층의 관심도 서로 달랐다.

조선 후기에 들어와서 한시 작가층에 변화가 일어나기 시작하였다. 의원(醫員)과 역관(譯官)을 중심으로 한 잡과(雜科) 출신의 중인들과 규장각이나 비변사의 서리들이 실무를 익히기 위한 한문을 배우면서, 사대부들만 짓는 것으로 알았던 한시를 짓기 시작했던 것이다. 임진왜란 전에 노예 출신의 풍월향도(風月香徒)를 중심으로 시작되었던 이 새로운 움직임이 이옥 당대에 와서는 옥계사와 송석원을 중심으로 문단의 커다란 흐름을 이뤘다. 이옥이 그들과 교류한 흔적은 없지만, 한시의 작가층이나 주제와 소재가 확산된 것이 과거시험 공부만 하다가 좌절된 그에게도 새로운 돌파구를 열어 주었을 것으로 짐작된다.

이옥 당대에 위항문학이 새로운 변수가 되었다면, 다른 한쪽에서는 조선시(朝鮮詩)와 조선풍을 내세운 실학파 시인들이 또 하나의 새로운 흐름이었다. 박지원은 이덕무의 시집 《영처고(嬰處稿)》 서(序)에서

"우리 나라가 비록 외진 곳에 있지만 또한 천승(千乘)의 나라요, 신라와 고려가 비록 넉넉하지는 못했지만 백성들에게 아름다운 풍속이 많이 있었다. 방언으로 글자를 삼고 민요로써 운을 삼으면, 저절로 문장이 이루어져 진기가 발현될 것이다."

고 하였다. 방언으로 글자를 삼고 민요로써 운을 삼으면 [字其方言, 韻其民謠], 남의 글자였던 한자로도 우리의 것

을 표현하여 민요와 거리를 가까이할 수 있다고 한 것이다. 박지원은 이 글에서 ≪영처고≫를 조선의 풍요라고 하였다.

> 그러므로 시를 채록한 사람은 각 나라의 풍요(風謠)를 구하여 그 성정(性情)을 살피고, 요속(謠俗)을 징험한다. 이덕무의 이 시가 예사스럽지 않다고 어찌 다시 의심하랴. 만약 성인으로 하여금 오늘날 중국에 다시 태어나서 각 나라의 풍속을 보게 한다면, ≪영처고≫를 살펴서 삼한(三韓)의 새·짐승·풀·나무의 이름들을 많이 알 수 있을 것이요, 고구려 남자와 백제 여인네들의 성정도 볼 수 있을 것이다. 그러니 이 ≪영처고≫를 조선의 풍요라고 말해도 좋을 것이다.

≪시경≫에 실렸던 풍요는 그 시대의 민요였다. 공자가 말한 대로 ≪시경≫의 풍요를 보아서 춘추시대의 자연과 인간 성정을 볼 수 있는 것처럼, 이덕무의 ≪영처고≫를 보면 18세기 조선 사회의 자연과 인간 성정을 볼 수 있으니, 이 시집이 바로 조선의 풍요라는 것이다. 조선의 풍요는 글자 그대로 조선풍의 시와 노래이다.

이옥은 박지원과도 같은 시대에 살았다. 두 사람 사이에 작품을 교류한 흔적은 없지만, 만약 박지원이 이옥의 <이언>을 보았다면 역시 조선의 풍요라고 하였을 것이다. <이언>을 언제 지었는지 확실치 않지만, 18세기 말 서울 여인네들의 성정과 생태를 잘 보여 주었기 때문이다. 다른 민요들이 어느 한 계층의 성정과 생태를 보여 준다면, <이언>은 사대부 여인네로부터 여염의 여인네들을 거쳐 화류계 여인네들까지, 온갖 계층의 여인네들과 또 그 상대방 남성들의 성정 생태까지도 잘 보여 주기 때문에, 민요보다도 더 폭넓은 민요풍의 시라고 볼 수가 있다.

정약용은 다음과 같이 조선시를 내세웠다.

> 늙은이의 한 가지 즐거운 일은
> 붓 가는 대로 마음껏 써내는 걸세.
> 어려운 운자(韻字)에 신경 안 쓰고
> 고치고 다듬느라 늦지도 않네.
> 흥이 나면 당장에 뜻을 실리고
> 뜻이 되면 당장에 글을 써내네.
> 나는 본래 조선 사람이니
> 조선시를 즐겨 쓰리라.
> 그대(卿)들은 당연히 그대들의 법을 쓰게나
> 말 많이 하는 자 그 누구던가.
> 구구한 저들의 격(格)과 율을
> 먼 곳의 우리가 어찌 알랴.

그는 조선 사람이니 조선시를 쓰겠다고 하면서, 그대들은 그대들의 법대로 시를 지으라고 하였다. 그대[卿]들은 다산의 조선시에 대하여 비판하는 자들이고, 시를 중국식으로 지어야 한다고 생각하는 자들인데, 허균이 예교주의자(禮敎主義者)들에게 탄핵 받아 벼슬에서 쫓겨나며 지었던 시 <문파관작(聞罷官作)>에서 "그대들은 모름지기 그대들의 법을 지키게[君須用君法]"라고 한 구절과 같은 뜻에서 쓴 말이다. 허균이 스승 이달에게 보낸 편지에서 "나는 (나만이 지을 수 있는) 허자지시(許子之詩)를 쓰겠다"고 한 것처럼, 나의 시, 우리 나라 시를 짓겠다는 의식이 이옥에게도 이어졌던 것이다.

3. 민요풍 시에 대한 이옥의 이해

이옥이 굴원의 《초사》를 읽고난 뒤에 독후감 <독초사(讀楚辭)>를 썼는데, 이 글에서 《시경》의 국풍(國風)을 봄바람에, 아(雅)를 여름바람에, 굴원의 <이소(離騷)>를 가을바람에 비유하였다. 그리고 "겨울바람은 사물을 감동시키기에 부족하므로, 겨울엔 바람이 없다"고 하였다. <시전집주서(詩傳集註序)>에서 "풍(風)은 대부분 이항가요(俚巷歌謠)에서 나왔는데, 이른바 남녀가 서로 노래하여 각기 그 정(情)을 말한 것이다"고 말한 것과 함께 본다면, 풍(風)이 민요여서 사람들을 감동시킨다는 뜻이 된다.

그는 《시경》과 《초사》를 읽은 뒤에 민요풍의 한시를 짓기 위해 사곡(詞曲)에 관심을 두었다. 어렸을 때부터 사(詞)를 짓고 싶었지만, 짓는 법을 몰라서 부끄럽게 여겼었다. 10여 년 뒤에야 <시여도보(詩餘圖譜)>와 《화간집(花間集)》(10권)·《초당시여(草堂詩餘)》(4권)를 구해서 보았지만, 과거 준비를 하느라고 차분히 공부하지 못하였다. 52세가 되어서야 반유룡(潘遊龍)의 시여집(詩餘集) 《묵취향(墨醉香)》을 사흘 동안 읽고, 마치 술에 취해서 토해내듯 사곡(詞曲) 몇 편을 화운(和韻)해 지었다. 이 사곡들을 모은 것이 《묵토향(墨吐香)》이다. 이 책이 전해지지 않아 그가 어떤 사곡(詞曲)을 지었는지 알 수 없는데, 그의 친구 김려는 이 책에 실린 사곡의 성격에 대해서 이렇게 말하였다.

기상(其相)이 말하길, "나는 지금 사람이다. 내 스스로 내 시와 내 글을 짓는데, (옛날 중국의) 선진(先秦)・양한(兩漢)이 무슨 관계가 있으며, 위(魏)・진(晋)・삼당(三唐)이 무슨 관계가 있으랴"고 하였다. 기상은 전사(塡詞)를 특히 잘 지었는데, 나는 그러한 사실을 이상하게 여기지 않았다.

　　김려가 지은 <제묵토향초본권후(題墨吐香草本卷後)>에 의하면, 그는 중국식 그대로 사곡을 지은 것 같지는 않다. 물론 사곡의 작법을 벗어날 수는 없었을 테고, 화운시였기에 더욱 그러했겠지만, 그는 자기 나름대로 자기의 노래를 짓는다고 생각했던 것이다. 여기서 한 걸음 더 나아가면, 중국에서 유행한 사곡이 아니라 조선식의 사곡인 '이언'을 짓게 되는 것이다.
　'이언(俚諺)'은 이옥이 지은 작품의 이름인 동시에 새로운 한시의 양식이기도 하다. ≪예림잡패≫에 실린 아조 17수, 염조 17수, 탕조 15수, 비조 16수, 도합 65수는 '이언'이라는 한시 양식으로 지어진 새로운 노래들이며, 이 65수의 제목이 또한 <이언>이기도 하다. 그는 '이언'이라는 한시 양식을 새로 시도한 동기를 <이언인(俚諺引)> <일난(一難)>에서 이렇게 설명하였다.

　　어떤 사람이 물었다. "그대는 이언(俚諺)을 무엇 하려고 지었는가? 그대는 왜 국풍(國風)이나 악부(樂府)・사곡(詞曲)으로 짓지 않고, 하필이면 이렇게 이언으로 지었는가?" 그래서 내가 이렇게 대답하였다. "내가 (지은 것이) 아니라, (내 안에) 주인이 있어서 (그렇게 지으라고) 시킨 것이다. 내 어찌 (중국의) 국풍・악부・사곡을 지을 줄 알면서 우리 나라의 이언(俚諺)은 짓지 않겠는가?"

이 설명을 보면, 그가 ≪시경≫의 국풍이나 악부·사곡과 대등한 양식 개념으로 이언이라는 한시 양식을 만들어냈음을 알 수 있다. 그는 이 글에서 "시를 짓게 하는 주체는 천지만물이다"고 하였다. 그의 표현에 의하면 "시인은 천지만물의 한낱 통역[象胥]"에 지나지 않는다. 천지만물의 보편적인 의미를 그 나라 말로 통역해주는 사람이 시인이라면, 중국 시인은 중국의 한시 양식인 국풍·악부·사곡으로 시를 짓고, 조선의 시인은 조선의 한시 양식으로 지어야 한다. 그래서 다산은 조선시를 즐겨 짓겠다고 선언하였고, 이옥은 이언을 짓겠다고 선언한 것이다.

  이옥이 지은 <이언>에서 시인의 모습은 전혀 나타나지 않는다. <이언>에 나타나 노래하는 사람은 이옥의 모습이 아니라 어느 여인의 모습이며, 이옥의 목소리가 아니라 그 여인의 목소리로 노래한다. 민요 창자의 목소리와 <이언> 주인공의 목소리가 둘 다 1인칭 시점에서 노래한다는 점만 놓고 본다면, 이옥의 이언과 민요의 거리는 없는 셈이다. 물론 시 속의 목소리가 이옥의 목소리는 아니지만, 시인이 천지만물 가운데 자기 생각과 같은 부분만 골라서 보여 주고 들려 준다는 점을 생각한다면, 이언 속에서 들리는 주인공의 목소리는 결국 이옥이 선비[士]라는 신분에서 벗어나 들려 주고 싶었던 또 하나의 목소리이기도 하다.

  그는 <일난>에서 18,9세기 조선의 시인인 자신이 이언(俚諺)을 지어야 하는 이유를 이렇게 설명하였다.

30년이면 세대가 변하고, 백 리면 풍속이 같지 않다. 그런데 청나라 건륭 연간에 조선 한양성에 살면서, 어찌 짧은 목을 길게 늘이고 가느다란 눈을 크게 뜨면서 망녕되게도 (옛날 중국의) 국풍·악부·사곡 따위를 말하겠는가?

물론 그도 당시 사회 체제를 완전히 벗어날 수는 없어서 '청나라 건륭'이라는 중국의 연호를 쓰긴 했지만, 세대가 다르고 풍속이 다른 중국의 옛시를 짓지 않겠다고 거부하였다. '현재 조선의 시'를 지으려다 보니, 자연히 언문으로 지을 수밖에 없었다. 그래서 그는 <삼난>에서 "내가 (한시에서 우리말을 많이 쓰다가) 솜씨가 둔해지고 혀를 더듬게 되어 언문시를 짓게 되더라도"라고 하였다. 그는 물론 언문으로 시를 지은 것이 아니라 선비[士]의 언어였던 한자로 지었지만, 언문을 써서 짓는다는 마음으로 <이언(俚諺)>을 지었던 것이다.

그가 실제로 사용한 말은 언문이 아니라 이어(俚語)였다. 한자나 언문이 글이라면, 이어(俚語)는 말이다. 그는 '현재 조선 사람들이 쓰는 말'이었던 이어(俚語)를 자신의 글이었던 한자로 표현하였다. 이것이 바로 그가 말한 언문시[諺文之詩]의 첫걸음이었다. 물론 다산을 비롯한 실학파 시인들도 시를 지으면서 우리말을 한자로 기록하였다. 높새바람[高鳥風]·보리고개[麥嶺] 같은 표현들이 바로 그러한 노력이다. 그러나 이 말들이 우리말의 한자 번역이라면, 이옥은 우리말을 번역하지 않고 그대로 한자로 썼다. 이응(異凝)·아가씨(阿哥氏)·사나이[似羅海]·가리마(加里麻)와 같은 표현을 수없이 썼는데, 한자는 소리만 빌려준 셈이다. 사나이[似羅海]라고 표기한 경우에는 "사나이 마음이 바다같이 넓어야 하는데" 그렇지 못하다고 말장난까지 한 셈이다.

　한시에서 한자를 빌어 우리말을 표기한 이옥의 시도는 당대 문인들에게 비판을 받았던 듯하다. <삼난>에 보면, 누군가 그에게 "옷이름·음식이름·그릇이름 등을 표기하면서 (중국에서 지은) 본래의 이름을 쓰지 않고 우리말 이름[鄕名]으로 문자를 썼으니, 어지럽고 괴이하며 촌스러운 짓이 아니냐"고 물었다. 중국식으로 지어진 이름만 본래의 이름이고 우리말로 표기하면 촌스럽다는 사고 방식을 가졌던 사람들이 비난한 것은 우리말로 표기된 몇 가지 이름만이 아니라, 사실은 이언(俚諺)으로 지어진 <이언(俚諺)> 65수 그 자체였을 것이다.

　그가 시를 지으면서 우리말을 많이 쓰려고 애쓴 까닭은 그 시를 읽을 독자들을 위해서였다. 그는 <삼난>에서 기름 이야기를 들어 그 이유를 설명하였다. 어느 태수가 아전에게 제수품을 사오라고 하자, 아전은 장부에 쓰인 대로 다 샀지만 법유(法油)만은 무엇인지 몰라서 끝내 사오지 못하였다. 기름장수도 등유(燈油)를 가지고 있었지만, 아전이 말하는 법유가 바로 그 등유라는 것을 몰랐기 때문에 팔지 못하였다. 태수가 아전에게 기름을 사오게 하면서, 아전이나 장사꾼들이 쓰는 말을 쓰지 않고 자기 신분의 말을 썼기 때문에 서로 의사가 소통되지 못했던 것이다. 결국 피해를 입은 사람은 그날 제사를 지내지 못하게 된 태수 자신이었다.

　이옥은 그렇게 된 것이 아전이나 기름장수의 잘못이 아니라, 태수의 잘못이라고 하였다. 바꿔 말하면 우리 나라 독자들이 한시를 많이 읽을 수 없는 것은 남의 나라 말을 써서 시를 짓는 시인 자신의 잘못이라는 뜻이다. 그래서 그는 "내가 (우리말을 많이 쓰다가) 손이 둔해지고 혀를 더듬게 되어 언문시를 짓게 되더라도, (민간의 독자들이 알아듣지 못할) 법유(法油)나 청포(靑泡) 같은 말은 반드시 쓰지 않겠다"고 하였다. 선비인 그는 한자를 이미 자신의 언어처럼 잘 썼지만, 그 한자를 덜 써서 손이 둔해지고 혀를 더듬게 되어 사대부들에게 언문시라는 말을 듣게 되더라도, 민간의 독자들이 알아들을 수 없는 남의 나라 말을 많이 쓰지 않겠다는 선언이다.

그는 이언(俚諺)이라는 새로운 한시 양식을 만들어서 지금 이 땅에서 살고 있는 우리 나라 사람들의 삶을 있는 그대로 보여 주려 하였다. 그가 한자의 음을 빌려 우리말을 쓴 것은 그러한 시도의 첫걸음이다.

4. 왜 남녀 사이의 정을 노래하였나

공자는 《논어》〈안연〉에서 "예가 아니면 보지 말고, 예가 아니면 듣지 말며, 예가 아니면 말하지 말고, 예가 아니면 움직이지 말라"고 하였다. 그런데 이옥이 남녀 사이의 정을 노래한 〈이언〉은 예가 아닌 것을 보고, 말하고, 듣고, 움직인 것이다. 그렇다면 그는 성인의 가르침에서 벗어난 것인가.

이옥은 시인이라는 통역[象胥]을 통해서 천지만물을 보여 주는 것이 시라고 생각하였다. 시인은 천지만물이 있는 그대로 보여 주기만 하면 되는 것이다. 시인은 다만 무엇을 볼 것인가 골라서 보여줄 수 있을 뿐이다. 이때 시인 자신이 보고 싶은 것을 골라서 독자에게 보여 주는 것은 당연한 일이다.

그러면 이옥은 왜 남녀 사이의 정을 노래하였는가. 그는 <이난>에서 "낮에 길가에 나가 노닐면서 만나는 사람은 남자가 아니면 여자다"라고 하였다. 시인은 자기 눈으로 본 것을 노래하게 된다. 그렇다면 남자 아니면 여자의 일을 노래하는 것이 당연한 일이고, 남자와 여자 사이의 정을 노래하는 것도 지극히 당연한 일이다. 그런데도 그것이 예가 아니라고 하여, 일부러 눈을 멀리 돌려서 이상적인 경지만 노래하는 것은 진실이 아니다. 자연을 노래하는 것이 자연시라면, 자연 가운데 가장 가까운 자연은 바로 인간이다. 그런 의미에서 이옥의 시는 한양 성 안에서 날마다 보고 듣는 남녀 사이의 정을 있는 그대로 노래한 것이다.

그는 남녀 사이의 정을 시로 짓는 것이 자기에겐 어쩔 수가 없는 일이었다고 변명하였다. "예가 아니면 보지 말라"고 했지만 "예가 아닌데도 보이는 것을 어찌하느냐"고 물었다. 사회가 이미 예가 아닌 것들로 가득 찼는데, 시인이 어찌 눈앞에 있는 현실을 보지 않고 일부러 멀리 눈을 돌리느냐는 항변이다.

그는 자기가 남녀 사이의 정을 노래한 것이 바로 시인의 임무이고, 예전의 시인들도 그러했다는 것을 밝히기 위해, 국풍에 실린 남녀 사이의 사랑노래가 몇 편인지 조사하였다. 그는 '주남'과 '소남' 25편 가운데 20편, '위풍' 39편 가운데 37편, '정풍' 21편 가운데 16편이 남녀 사이의 정을 노래한 시라고 밝혔는데, "천지만물을 보는 것 가운데 남녀 사이의 정을 보는 것보다 더 참다운 것은 없다"고 하였다. 그래서 당시의 시인들이 예가 아닌 것도 꺼리지 않고 듣고 보고 말했으며, 공자도 ≪시경≫을 편

집할 때에 남녀 사이의 정을 노래한 시들을 많이 골라 실었고, 여러 학자들이 그러한 시에 주석을 냈다고 하였다. 물론 그는 이러한 설명 끝에서 그대들이 '사무사(思無邪)'라고 하는 것이나 '교민성선(敎民成善)'이라고 하는 것도 여기에서 비롯되었다고 하였는데, 이는 자기의 시가 예를 벗어났다고[非禮] 비난하는 예교주의자들의 공격을 달래기 위한 수사법이다.

그는 자기가 <이언>을 지으면서 남자를 주인공으로 삼지 않고 여자를 주인공으로 삼은 이유에 대해서 "(남녀의) 사람 가운데 여자가 시의 경지에 더욱 알맞기 때문이다"고 설명하였다. 여자는 환희·우수·원망을 순간적인 감정에 따라 내보이기 때문에 시인이 있는 그대로 보여 주기가 좋았던 것이다. 그는 또 "사람 가운데 여자가 시의 재료를 더 많이 갖췄다"고 하였다. 여자의 미색·행동거지·언어·복식·거처가 다채롭기 때문에 시인이 있는 그대로 보여 주기가 좋았던 것이다.

그는 천지만물의 모습을 있는 그대로 보여 주기 가장 좋은 소재가 여자의 생활이었기 때문에 자기가 그러한 모습을 시로 지었다고 하였다. 주변에서 보고 듣는 것을 시로 짓는 것이 바로 민요의 출발이고, 채시관(採詩官)이 그러한 노래들을 모았으며, 이러한 노래들이 뒷날 ≪시경≫로 엮어졌다. 그는 이러한 태도로 산문도 지었는데, 그가 종군하기 위해서 영남 삼가현에 118일 머무는 동안 보고 들었던 이야기들을 기록한 글이 <봉성문여(鳳城文餘)>이다. 문장이라 하지 않고 문여(文餘)라고 이름지은 것부터가 문학에 대한 그의 태도를 보여 주는데, 이는 시보다 민요에 가까운 사곡(詞曲)을 시여(詩餘)라고 하는 것과 마찬가지 관점에서 붙인 이름이다. 그가 오랫동안 시여(詩餘)에 관심을 가지고 배우다가 ≪묵토향(墨吐香)≫이라는 시여집(詩餘集)을 엮었던 것처럼, 그는 자기 주변에서 일어난 일들을 있는 그대로 기록하여 <봉성문여>를 남겼다. 그는 19세기의 패관문학자를 자처한 것이다.

그는 패관문학의 가치를 낮게 보지 않았다. "≪시경≫의 정풍(正風)이나 음풍(淫風)은 시가 아니라 바로 (한 편의) ≪춘추≫이며, 세상에서 음사(淫史)라고 말하는 <금병매>나 <육포단(肉蒲團)> 같은 책들도 또한 (그대들이 비난하는 것같은) 음사가 아니다"고 하였다. 그는 남녀 사이의 정을 노래한 <이언>을 지으면서, 혹시라도 이러한 문학을 비난하는 자들이 있을까 염려하여 <이언인>을 지었다.

이옥이 <이언>을 언제 지었는지는 확실치 않다. 현재 공개된 자료 속에는 분명한 기록이 없다. 다만 <이난> 가운데 "낮에 거리에 나가 노닐다 보면 만나는 자들이 남자 아니면 여자이다"는 구절을 보아, 그가 성균관 유생으로 공부하던 30대 초반에 짓지 않았나 짐작될 뿐이다. 삼가현에 종군해 있던 시절이나 남양에 낙향해 있던 시절이라면 이러한 비유가 자연스럽게 나오지 않았을 것이다. 그렇다면 그가 이토록 주도면밀하게 자기의 문학관을 미리 방어했음에도 불구하고, 그는 정조의 문체반정책에 밀려서 가장 큰 피해자가 된 셈이다.

5. 한시와 민요의 거리

<이언>은 네 가지 신분으로 대표되는 여인이 화자가

되어, 자기의 결혼 생활이나 사랑을 이야기하는 형식으로 지어졌다. 시인 자신이 밝히지는 않았지만, <아조>는 사대부 집안의 여인, <염조>는 중인 집안의 여인, <탕조>는 기생, <비조>는 여염집 여인의 노래인 듯하다. <아조(雅調)>와 <탕조(宕調)>는 이름과 설명에서 그런 분위기를 느낄 수 있으며, <염조>는 사치스러운 생활이나 "위로는 아(雅)에 미치지 못하지만, 아래로 탕(宕)에 이르지도 않는다"는 설명에서 그런 분위기를 느낄 수 있다. 그러나 네 가지 조(調)가 반드시 네 가지 신분의 여인을 주인공으로 했다고 볼 수는 없다.

이 여인들은 한양 성 안에 사는 여인들이다. 따라서 18,9세기 인구의 대부분을 차지하였던 농촌 사회 여인들과는 전혀 다른 생활을 하였다. 이들이 하고 싶은 이야기도 그들과는 달랐고, 괴로워하는 이유도 달랐다. 그래서 이들의 노래는 농어촌 여인들의 민요와는 다를 수밖에 없었다.

장편 민요가 하나의 서사적인 줄거리를 가지는 것처럼, <아조>나 <염조>도 각기 하나로 이어지는 줄거리를 가지고 있다. <아조>의 주인공 여인은 혼례 이야기부터 시작해 시집살이의 어려움을 들려 준다. 민요에서 시집살이 노래라면 으레 시어머니와의 갈등이나 가난한 살림, 또는 남편의 구박을 노래하기 일쑤이다. 그러나 이 여인의 시집살이는 그렇지 않다. "그 꿩이 울고 그 오리 높이 날도록/ 두 사람 사랑이 끝없어지이다(1)"라고 신혼의 즐거움을 노래한 것부터 민요에서 볼 수 없이 우아한 사랑노래이지만, "부끄럽지 않으려 해도 저절로 부끄러워져/ 신랑에게 석 달 동안 말도 못했지요(5)"도 은근한 신혼의 즐거움을 노래한 것이다. 궁체를 잘 써서 시부모에게 '언문여제학'이라고 칭찬 듣는 것도 민요에서 볼 수 없이 우아한 모습이다.

7.
4경에 일어나 머리를 빗고
5경에는 시부모님께 문안을 드렸지요.
이 다음 친정에 돌아가면
먹지도 않고 한낮까지 잠을 잘래요.

<아조>에서 여인이 시집살이 가운데 가장 힘들게 여긴 것은 잠 잘 시간이 적다는 것이다. 그러나 그가 일찍 일어나야 한 이유는 힘든 노동을 하기 위해서가 아니라, 머리를 빗고 시부모님께 문안을 드리기 위해서였다. "메늘애기 잠잔다고/ 시어머니 송사 가네./ 원수 같은 이 내 잠아/ 너 때문에 나 죽겠다"고 푸념하는 민요의 여인과는 세계가 다르다. <아조>의 여인은 복에 겨운 잠투정을 하는 셈이다.

이 여인도 누에를 길렀지만, 동해주 비단이 있는데도 취미로 길러본 것이다. 친정 계집종이 창틈으로 와서 가마를 보내겠다고 하며, 옥비녀를 떨어뜨릴까 섭나시 그네를 타지 못한다. 이 여인의 아쉬움이라면 제삿날이 가까워질 때 예쁜 다홍치마를 벗는 것 정도이다.

9.
서방님 옷을 바느질하다 보니
꽃 기운이 온몸을 나른하게 하네요.
바늘 뽑아 옷섶에 돌려 꽂고는

앉은 채로 <숙향전>을 읽곤 하지요.

이 여인도 일을 하지만, 이 일은 노동이 아니다. 그래서 힘들어 지치는 것이 아니라, 꽃 기운 때문에 나른해진다. 농어촌의 여인들은 노동의 괴로움을 잊기 위해서 노동요를 부르고, 이런 경우에 남녀 사이의 사랑이 소재가 되기도 한다. 그러나 <아조>의 여인은 꽃 기운에 나른해져서, 바꿔 말하면 행복에 겨워서 일을 쉬는데, 민요를 부르는 것이 아니라 <숙향전>을 읽는다. 이것이 바로 민요풍 한시와 민요의 거리이다.

<아조>의 여인이 남편에게 조심스럽다면, <염조>의 여인은 노골적으로 사랑을 노래한다. 이옥의 설명 그대로 아(雅)와 탕(宕)의 중간이다. 시어머니 꾸지람을 잠시 들었다고 사흘이나 굶을 정도로 강짜가 세며, 은장도를 과시하는 것이 <아조> 여인과의 거리이다. 그는 기생들이 주로 모여 살던 곳으로 알려진 벽장동을 노닐며 걷기도 하는데, 혼자 가면 혹시라도 놀림을 받을까 염려되어 바느질하는 계집종과 함께 가는 것이 기생과 이 여인 사이의 거리이다. 이 여인은 옷차림과 화장이 <아조>의 여인보다 훨씬 화려하다. 호남에서 올라온 참빗장수 아낙네가 재상집으로 알 정도로 그는 사치한 여인이다. 그래서 농어촌 여인들이 부르는 민요와는 처음부터 거리가 멀다.

<탕조>는 기생들의 노래인데, 기생들이 부른 민요가 거의 전해지지 않아 이 경우에는 서로 비교할 수도 없다. 기생들이 지은 한시와 시조는 처음부터 사대부들에게 읽힐 것을 전제로 하고 지었기 때문에 민요와는 그 세계가 다르다. "서정강상월(西亭江上月) 동각설중매(東閣雪中

梅)" 같은 잡가나 <영산회상>이 그들의 노래였을 것이다. 기생들이 부른 가곡들은 기록에 남아 있지만, 민요는 거의 남아 있지 않다. 과연 그들이 자기들의 목소리를 담은 민요를 불렀는지도 알 수가 없다.

  <비조>에 오면 민요와 거리가 가까워진다. 그들의 신분이 그만큼 가까워졌기 때문이다. 그래서 이름도 비조(俳調)가 된 것이다. 그런데 이 여인이 괴로워하는 것은 살림 때문이 아니라 자신에 대한 남편의 태도 때문이다. 이 여인도 여전히 살림이 넉넉하며, 자기 한 몸은 즐겁게 살고 있다. 그런데 남편과 시부모가 못살게 굴어서 괴로운 것이다. 그러나 민요를 부르며 푸념하지는 않는다. 앉은 삼재가 끼자 도화서에 돈을 보내 부적을 사오는 것으로 그는 돌파구를 마련한다.

  민요는 민중들이 삶의 현장에서 부른 노래이다. 그런데 이옥이 노래한 여인들은 민중이 아니다. 이옥은 남양에 낙향해서도 몇 명의 종을 데리고 농사 지었다. 이옥 자신이 민중이 될 수 없었던 것이다. 그는 <이언>을 성균관 재학 시절에 지은 듯한데, 그가 한양의 여인들이 부르던 민요를 수집해서 <이언>을 지은 것 같지는 않다. 현재 한양 성 안에서 불려진 민요를 따로 수집한 자료가 거의 없기 때문에 단언할 수는 없지만, <이언>이 그들의 민요를 번역한 것은 아니며, <이언>의 소재 자체가 민요의 소재는 아니다. 사대부 집안의 여인들은 규방가사처럼 나름대로 노래가 있었으며, 기생들도 나름대로 노래가 있었다.

  민요풍 한시는 민중들이 부르던 민요가 아니다. 민요는 민중들이 자신의 목소리로 자신의 삶을 노래했지만, <이

언>은 여인의 목소리를 빌려서 이옥이 본 한양 여인들의 삶을 노래한 것이다. 일인칭 시점에서 노래한 형식은 같지만, 그들이 살았던 삶은 근본적으로 달랐다. 그런데도 이옥은 민요풍 한시를 지었다. 농어촌 여인들만이 아니라 한양 성 안의 여인들도 나름대로 민요가 있어야 한다고 생각했기 때문에, 자신의 언어였던 한자로 18,9세기 한양 성 안 여인들의 삶을 노래한 것이다.

그는 사대부의 언어였던 한자에다 한양 성 안에 살던 여인들의 언어였던 이언(俚諺)을 많이 써서 <이언> 65수를 지었다. 그가 <이언>을 짓지 않았더라면, 이처럼 다양한 모습으로 한양 성 안에 살던 여인네들의 솔직한 생활과 감정은 우리에게 여전히 감춰져 있었을 것이다. 그는 한양성 여인네들이 사랑하고 미워하는 모습을 신윤복의 풍속화만큼이나 아름답게 그려 보였다. 어찌 여인네들의 모습뿐이랴. 그는 <이난>에서 "낮에 거리에 나가 노닐다 보면 만나는 자들이 남자 아니면 여자이다"고 했는데, 이 여인네들이 들려 주는 이야기에서 우리는 나머지 반이나 되는 남자들의 모습도 그려볼 수가 있다. 그의 말처럼 남자보다는 여자가 시경(詩境)을 그려내기에 더 알맞으며, 화려하고 다양한 그들의 모습이 민요풍 한시의 소재로도 더 알맞기 때문에 여인네들을 앞에 내세웠을 뿐이다.

그는 패관문학자를 자처하며 <봉성문여(鳳城文餘)>를 짓고, 시여(詩餘)인 <이언(俚諺)>을 지었다. 민요가 아닌 민요풍 한시, <아조> 7에 그려진 여인의 잠투정이 바로 같은 주제를 놓고서 보여 주는 민요와 한시의 거리이지만, 우리는 그를 통해서 한양 성 안에 살던 여인들의 우아한 민요를 듣게 된 것이다.

* 이 책을 내면서 여러 글에서 도움을 받았다.
1. 리가원, <산유화(山有花) 소고>, ≪한문학연구≫(탐구당, 1969)
2. 김균태, ≪이옥의 문학이론과 작품세계의 연구≫(창학사, 1991)
3. 류재일, <이옥 시의 작품성향 연구>, ≪열상고전연구≫ 제8집(열상고전연구회, 1995)
4. 강혜선, <최성대의 고염잡곡 13편 연구>, ≪한국한시연구(韓國漢詩硏究)≫ 제2집(한국한시학회, 1995)

찾아보기 · 原詩題目

雅調 · 11

艷調 · 33

宕調 · 53

悱調 · 75

黃州艷曲 · 95

古艷雜曲 十三篇 · 103

尙娘傳 · 113

〈山有花〉

山有花 – 李安中 · 123
山有花 · 1 ■ 123
山有花 · 2 ■ 123
山有花 · 3 ■ 124

山有花曲 – 李安中 · 125
山有花曲 · 1 ■ 125
山有花曲 · 2 ■ 126
山有花曲 · 3 ■ 126
山有花曲 · 4 ■ 127

山有花 – 李友信 · 128
山有花 · 1 ■ 128
山有花 · 2 ■ 129

山有花曲 – 李魯元 · 130
山有花曲 · 1 ■ 130
山有花曲 · 2 ■ 130
山有花曲 · 3 ■ 131

山有花後曲 – 李魯元 · 132

蒭娘謠 · 140

山有花女歌 · 148

香娘詩 · 157

山有花謠 · 161

韓國의 漢詩 —— 32